HEBREUS E EPÍSTOLAS GERAIS

O SACERDÓCIO PERFEITO E A VÍDA CRISTÃ PRÁTICA

Curso Médio de Teologia

EAD - ENSINO MÉDIO TEOLÓGICO A DISTÂNCIA

Sobre o livro

Categoria – Religião

Fim da Execução – Maio de 2021
7ª Reimpressão Fevereiro de 2024

Formato – 16 x 23 cm
Mancha – 12,3 x 19,2 cm

Tipo e corpo: Garamond
Papel: Offset 75g/m2
Tiragem: 3000 exemplares

Impresso no Brasil – Printed in Brazil

Equipe de Realização

Supervisão: Pr. Mark Jonathan Lemos

Produção Editorial

Coordenação
Pr. Mark Jonathan Lemos

Normatização do Texto
Gilmar Caetano

Revisão Teológica
Denilson Mattos Gilmar Caetano

Revisão de Português
Emerson Cavalheiro

Capa & Diagramação
Heitor Galvão Souza

HEBREUS E EPÍSTOLAS GERAIS

O SACERDÓCIO PERFEITO E A VÍDA CRISTÃ PRÁTICA

EAD - ENSINO MÉDIO TEOLÓGICO A DISTÂNCIA

Título Original: Hebreus e Epístolas Gerais - O sacerdócio perfeito e a vida cristã prática

7ª Reimpressão - 2024

IBAD

Rua São João Bosco, 1114 – Santana

12403-010 – Pindamonhangaba, SP

Telefax – (12) 3642-5188

www.ibad.com.br

Impresso no Brasil

Coordenação
Pr. Mark Jonathan Lemos

Todas as citações bíblicas foram extraídas da versão revista e corrigida, salvo indicação ao contrário.

Dados Internacionais de catalogação na publicação (cip)
(Câmara Brasileira do Livro, SP, Brasil)

Hebreus e Epístolas Gerais
Caetano, Gilmar
ISBN - 978-65-89859-01-7

Índice para Catálogo Sistemático

Hebreus e Epístolas Gerais: Cristianismo: Novo Testamento: Religião

Sumário

Apresentação

O calendário marcava 15 de outubro de 1958, quando dava-se início a um chamado Divino que nasceu do coração de um homem simples, nascido na cidade de Pelotas - RS. Naquele momento, tendo apenas 8 alunos nasceu o que conhecemos hoje como IBAD, na pacata cidade de Pindamonhangaba, pelas mãos do casal de missionários Pr. João Kolenda Lemos e Ruth Dóris Lemos.

Durante 55 anos (1958-2013), o IBAD se manteve fiel a proposta inicial e teológica, trabalhando no sistema de internato de forma ininterrupta. Formaram-se milhares de pastores, teólogos, professores, missionários, pregadores e uma infinidade de líderes que propagam as mensagens aprendidas sobre a Palavra do Senhor pelo Brasil e os quatros cantos do mundo.

Em 2006, o IBAD entendeu que precisava transcender os limites de Pindamonhangaba e lançou os cursos teológicos médio e avançado livres à distância. Essa nova metodologia foi criada pensando nos pastores e líderes que sempre sonharam em fazer parte da instituição, mas devido ao tempo e situação financeira, não tiveram a oportunidade de estudar nosso conteúdo de alto nível e reconhecimento dentro do ensino teológico.

Em pouco mais de 10 anos, o curso livre de teologia alcançou a significativa marca de mais de 35 mil alunos pelo mundo, se tornando um sucesso na mídia especializada. Somos hoje o curso teológico que mais cresce no meio eclesiástico e estamos presentes em quase todas as cidades do Brasil e em mais de 15 países. Já formamos mais de 60 mil obreiros e hoje nos tornamos referência de qualidade e excelência entre os cursos livres à distância, dentro da área de teologia.

Guiados por uma nova gestão, demos início em 2011 aos primeiros passos em direção do nosso maior sonho: a criação da Faculdade FABAD. Foram milhares de horas trabalhadas, incontáveis ligações, idas e vindas à Brasília, além de inúmeras visitas do MEC em nossa sede em Pindamonhangaba. Toda essa espera e esforço trouxeram o resultado tão almejado em 2016, com a Portaria MEC nº 358 de 05 de maio de 2016, que credenciou a Faculdade FABAD para os cursos presenciais de Bacharel em Teologia e Tecnólogo em Processos Gerenciais.

Mas a chama que sempre nos guiou e nos levou a quebrar diversas barreiras nesses mais de 60 anos história, ficou ainda mais forte e uma nova jornada teve início. Nosso objetivo agora se tornara levar um ensino superior de qualidade para todo o Brasil. Por isso, ouvindo os pedidos de nossos alunos, em 2017 protocolamos perante ao MEC o credenciamento da FABAD para cursos EaD.

Foram momentos de ansiedade e de muita preparação de toda a equipe, trabalhando para ter os melhores recursos e plataformas para nossos alunos online. E com muita felicidade pudemos anunciar o lançamento do Bacharel em Teologia EaD da FABAD, com a Portaria nº 34, de 11 de fevereiro de 2020.

Agora levamos um curso de Graduação em Teologia totalmente à distância e online, com uma plataforma moderna de estudo e a melhor biblioteca digital do país. E esse é apenas o primeiro passo dado pela Faculdade FABAD EaD, que além do Bacharel em Teologia também oferece cursos de Pós-graduação totalmente à distância e nos próximos anos oferecerá cursos de graduação nas mais diversas áreas de conhecimento.

Aproveite seus estudos e seja bem-vindo a família IBAD/FABAD. Muito obrigado por escolher fazer parte dessa caminhada de aprofundamento teológico conosco.

Como estudar a distância

Caro estudante,

Nosso curso a distância foi estruturado com o objetivo de atender a todos que desejam ter maior entendimento sobre a Bíblia. Para atingir esse objetivo, tivemos o cuidado de planejar e produzir um material adequado para proporcionar a você a melhor experiência educacional possível. Nesse planejamento, chegamos à conclusão de que os livros deveriam não só ter um bom conteúdo, mas também ser acessível a todas as pessoas que desejam ter maior conhecimento das Escrituras Sagradas. Também observamos a necessidade de atender pessoas de qualquer região do país, com diferentes níveis de conhecimento. A partir de tais critérios, desenvolvemos uma coleção de vinte e quatro livros, a qual se constitui em um curso Médio de Teologia a distância.

Esses vinte e quatro livros, escritos de forma clara e objetiva, apresentam, de modo geral, vinte capítulos, divididos em quatro unidades. Em cada unidade e em cada capítulo, há sempre uma introdução, para que o leitor tenha ciência do que estudará naquela unidade e naquele capítulo. Tudo isso foi realizado com o intuito de facilitar a leitura. Com esse mesmo intuito, solicitamos que você observe as orientações para o estudo.

1- Recomendações para melhor aproveitamento de seu curso

Esse estudo requer atitudes próprias de qualquer estudante, porém ele tem como objetivo essencial abençoar sua vida cristã e dar-lhe instrumentos para que você desenvolva o ministério cristão com maior eficácia. Isso implica que serão necessárias, de sua parte, atitudes espirituais corretas, tais como:

1) Ore sempre antes de começar a lição. Isso preparará o seu coração para receber não apenas as informações, mas principalmente os princípios que serão úteis na sua vida com Deus.

2) Tenha o cuidado de sempre consultar a Bíblia. A leitura bíblica é primordial e insubstituível. Quanto mais você conhecer a Bíblia pela leitura diária, mais facilidade terá na compreensão de estudos que lhe auxiliarão no conhecimento dela.

3) Tenha sempre uma atitude de humildade. Deus revela verdades importantes àqueles que mantém essa atitude em seus corações.

Além desses cuidados, atente também para a dedicação, a disciplina e a perseverança, atitudes essenciais para a obtenção de êxito em todas atividades. Ao iniciar este curso de Teologia, conscientize-se da importância da manutenção desses princípios para o sucesso de sua aprendizagem. Concentre-se sempre no que estiver fazendo, pois a vida está no presente. O passado é a fonte das experiências, e o futuro, um tempo que deve ser planejado para que, quando transformado em presente, possibilite a colheita do que foi plantado, isto é, a obtenção dos resultados desejados. Se mantivermos tudo isso em mente, teremos sempre grandes chances de alcançarmos nossos objetivos.

2- Regras Básicas para a Compreensão do Texto

A leitura bem sucedida – compreensão de texto - requer do leitor a observância de alguns procedimentos básicos. São eles:

· Leitura do texto – Ao iniciar seu estudo, preste atenção à apresentação do livro e à introdução de cada unidade e de cada capítulo. Isto é importante porque essas introduções facilitarão sua compreensão do texto.

· Leitura de unidades de ideia – A leitura de palavras, ao contrário da de unidades de pensamento, faz com que o leitor interprete um texto erroneamente. Isto significa que não devemos ler palavra por palavra e sim atentar para a ideia geral do texto.

· Conhecimento do vocabulário – O conhecimento do significado das palavras auxilia todo o processo de leitura. Por isso, tenha sempre à mão um dicionário da língua portuguesa e também um dicionário ou enciclopédia bíblica. É importante que essa consulta ao dicionário seja feita somente após uma primeira leitura do texto para que você não corra o risco de fazer uma leitura com interpretação inadequada.

· Leitura de diversos tipos de texto – A diversidade de textos permite que o leitor não só amplie seus conhecimentos, como também adquira maior habilidade para leitura. Procure ler outros livros que falem sobre o mesmo assunto.

3- Aplicação Pessoal

· Questões para reflexão – Em todos os capítulos, há questões com o objetivo de levar o estudante a refletir sobre os temas abordados, bem como fazer uma aplicação dos mesmos à realidade atual.

· Exercícios – No final de cada livro, o estudante encontrará exercícios relacionados a cada capítulo estudado para a verificação do conhecimento e fixação do conteúdo.

INTRODUÇÃO

Cabia ao escritor aos Hebreus o esclarecimento e o convencimento de seus leitores a escolherem o melhor de Deus; a não se conformarem com o básico, com o início, quando na verdade poderiam ter o crescimento e amadurecimento de Deus na caminhada da fé. Essa carta é um primor de material, escrita a um grupo de inteligentes judeus que lutavam com a fé cristã. A tarefa do escritor é mostrar como Jesus era maravilhosamente superior e melhor, a qualquer instrução religiosa que fazia deles engessados na caminhada.

Nessa unidade trabalharemos no primeiro capítulo as noções gerais da epístola em datas, evidências e canonicidade; no segundo capítulo abordaremos a autoria da epístola e os destinatários; no terceiro capítulo mencionaremos o destino geográfico e o conteúdo da carta; no capítulo quatro será analisado o contexto histórico; e no quinto a teologia da carta.

UNIDADE I

A CARTA AOS HEBREUS

Cabia ao escritor aos Hebreus o esclarecimento e o convencimento de seus leitores a escolherem o melhor de Deus; a não se conformarem com o básico, com o início, quando na verdade poderiam ter o crescimento e amadurecimento de Deus na caminhada da fé. Essa carta é um primor de material, escrita a um grupo de inteligentes judeus que lutavam com a fé cristã. A tarefa do escritor é mostrar como Jesus era maravilhosamente superior e melhor, a qualquer instrução religiosa que fazia deles engessados na caminhada.

Nessa unidade trabalharemos no primeiro capítulo as noções gerais da epístola em datas, evidências e canonicidade; no segundo capítulo abordaremos a autoria da epístola e os destinatários; no terceiro capítulo mencionaremos o destino geográfico e o conteúdo da carta; no capítulo quatro será analisado o contexto histórico; e no quinto a teologia da carta.

NOÇÕES GERAIS DE HEBREUS E ESBOÇO

Entre os textos do Novo Testamento, a carta aos Hebreus em seu desenvolvimento dialético se mostra como um tratado todo particular. O grego na qual fora escrita é rebuscado, aproximando-se do grego clássico; além disso, seu estilo assemelha-se a um sermão, daí alguns acreditarem que na verdade se trata uma pregação escrita e não uma carta propriamente dita (6.9; 8.1; 9.5; 11.32). Nesse capítulo abordaremos dentro das noções gerais, quem foram os destinatários, a canonicidade e o esboço da carta.

1.1. Introduzindo Hebreus

Seguindo nas observações iniciais, Hebreus configura-se como o mais antigo texto a ser atestado ainda no século I, sendo encontrado na carta de S. Clemente Romano[1] que fora enviada aos Coríntios, sem,

1 **São Clemente Romano**, viveu no final do primeiro século da era cristã. É identificado como colaborador de Paulo (cf. Fl 4:3). Esta informação foi confirmada por outros cristãos como Orígenes (cf. In Ioan. 6:36; De Principiis 2,3,3.) e Eusébio de Cesaréia. Segundo este último: "(...) Anacleto, tinha sido bispo da Igreja dos romanos durante doze anos, foi substituído por Clemente que o Apóstolo [Paulo], em sua carta aos Filipenses, declara ter sido seu colaborador(...)" (História Eclesiástica III,15). Irineu de Lião, por sua vez, recolhe uma informação de que Clemente teria sido o 3º sucessor de Pedro, no episcopado de Roma, e conhecera pessoalmente São Pedro. Tertuliano confessava que Clemente teria sido consagrado pelo próprio São Pedro, mas teria renunciado em favor de Lino e só assumiu o episcopado depois da morte de Anacleto. Atribui-se a Clemente também as seguintes obras: Reconhecimentos, Pseudo-clementinas. Mas, o que se sabe com toda a certeza é que escreveu uma Carta aos cristãos de Corinto, no final do primeiro século. http://www.veritatis.com.br/patristica/biografias/1410-sao-clemente-romano

é claro, mencionar o nome do autor; contudo, é possível perceber a identificação de ideias por meio de frases paralelamente notáveis (GUTHRIE, 1984).

Além da atestação de Clemente, a carta aos Hebreus ainda seria endossada por antigos escritores da escola de Alexandria, carregando, porém, as mesmas dúvidas acerca da autoria. Teria nascido pelas ideias do apóstolo Paulo e redigida por outra pessoa? Teria sido escrita por Paulo numa outra língua como Hebraico, ou até mesmo o aramaico, depois traduzida por um especialista grego? Seria uma obra de algum discípulo com pensamento paulino? Orígenes (185-253)[2], o grande escritor sobre a Bíblia da idade antiga, depois de apresentar diversos elementos sobre essa questão, encerrou: "*para expressar o meu parecer, diria que os pensamentos são do Apóstolo Paulo, mas...quem a redigiu, só Deus o sabe*" (CESARÉIA, 2002, p.138).

Lendo Hebreus, não é difícil perceber o caráter exortativo do autor, (13.22) para que os leitores sigam firmes e constantes na fé em Cristo, nunca deixando de vencer a tentação de voltarem às práticas na qual haviam saído: o judaísmo. Ainda seria preciso confortá-los diante dos problemas que atravessavam e das dificuldades que iriam enfrentar, inclusive as humilhações que sofriam por parte dos antigos companheiros da fé judaica.

1.2. Leitores desanimados

A carta aos Hebreus foi escrita particularmente para Judeus cristãos. Judeus/leitores que estavam em perigo de afastamento da fé. Estavam voltando atrás, deixando a fé na suficiência da Graça de Deus em Cristo, e retornando ao sistema da Lei e de seus cerimonialismos. Esse grupo relativamente pequeno de cristãos eram considerados traidores pelos judaizantes, virando alvos de ódio. Por isso, eram perseguidos e ameaçados; oprimidos pela tribulação presente e adversidade futura, desanimaram, e não estavam progredindo espiritualmente.

> Quanto a isso, temos muito que dizer, coisas difíceis de explicar, porque vocês se tornaram lentos para aprender. De fato, embora a esta altura já devessem ser mestres, vocês precisam de alguém que lhes ensine

2 **Orígenes** nasceu em Alexandria, entre os anos 182 e 185. Filho de família cristã, foi discípulo de são Clemente de Alexandria, a quem sucedeu como chefe da escola catequética daquela cidade.
Acusado de heresia por aplicar métodos Fílon sóficos e Fílon lógicos a problemas de teologia, Orígenes foi o mais destacado exegeta bíblico da igreja grega primitiva e influiu em todo o pensamento cristológico oriental posterior. http://biomania.com.br/bio/conteudo.asp?cod=2181

> novamente os princípios elementares da palavra de Deus. Estão precisando de leite, e não de alimento sólido! Quem se alimenta de leite ainda é criança, e não tem experiência no ensino da justiça. Mas o alimento sólido é para os adultos, os quais, pelo exercício constante, tornaram-se aptos para discernir tanto o bem quanto o mal. (Hebreus 5.11-14[3])

Alguns passaram a negligenciar o culto e o estar reunidos:

> E consideremo-nos uns aos outros para incentivar-nos ao amor e às boas obras. Não deixemos de reunir-nos como igreja, segundo o costume de alguns, mas encorajemo-nos uns aos outros, ainda mais quando vocês veem que se aproxima o Dia. (Hebreus 10.24-25)

Dada as circunstâncias vividas por esses judeus cristãos, ficou pesado caminhar pela fé. O histórico de vida desses em rituais palpáveis e de uma religiosidade latente e visível no judaísmo de outrora, direcionavam a prestarem atenção em Jerusalém com seus sacrifícios e ritos tradicionais, contudo imponentes. Desejavam voltar ao judaísmo.

Observando a urgência em alertar os leitores, o escritor aos Hebreus entendeu que precisavam compreender que Moisés, Josué, os sacerdotes, os levitas, o templo, a arca, e outros, já haviam passado, e que eram apenas "sombra das coisas que haveriam de vir em Cristo. Pisavam na oferta da salvação deixando a graça e voltando-se para a lei (PEARLMAN, 2006).

1.3. Buscando a atenção dos Hebreus

Diante do arcabouço da possibilidade de retorno às práticas judaicas, por parte dos leitores, o escritor analisou que era preciso apresentar algo maior, algo que realmente os motivassem e os levassem a entender a grandeza que estava diante deles: A salvação pura e simples em Cristo Jesus. Não uma salvação estereotipada, pirotécnica, cerimonialística, não! Era preciso crescer na fé e ter a maturidade de entendimento que em Cristo o culto precisa ser racional; que a ligação em Jesus acontece por vias do pensar, da interpretação coerente, sensata, e de princípios

3 Todas as citações bíblicas foram extraídas da Nova Almeida Atualizada (NAA).

sadios não engessantes. Precisavam superar as regras, a tradição vazia, o físico, o visível; era preciso enxergar pelos olhos da fé. Para tanto, o escritor escreve apresentando a relação do sistema mosaico e da fé cristã, a transitoriedade do primeiro e a superioridade de Cristo sobre os mediadores do Antigo Testamento (AT), além de apresentar a primazia da nova aliança. Ainda fala sobre a grandeza da substância diante da sombra, da importância do antítipo sobre o tipo, e da supremacia da realidade sobre o símbolo (PEARLMAN, 2006).

O escritor sabia que seria difícil para aqueles que eram alvos de seu cuidado literário suportar as adversidades vividas no momento, somente com a fé na palavra, sem um consolo que pudesse ser "desenhado" mentalmente e que pudesse ser aproveitado por meio das instruções tradicionais que já possuíam. Era preciso um ponto de contato, uma referência à altura do que conheciam bem, uma explicação prévia do que seria a fé, tendo como exemplo histórias e personagens que eram referências entre eles. Por isso o escritor apresenta o capítulo 11.

Diante da necessidade de exposição da verdade a ser transmitida, o autor pontua de maneira introdutória na parte mais ampla e substancial da epístola (cap. 1 ao 10.18) que a fé em Jesus é superior a qualquer detalhe do judaísmo, isso porque, Cristo propõe uma aliança melhor, um Sumo Sacerdócio melhor, um sacrifício melhor, e suficiente em comparação aos que estavam sendo feitos no templo de maneira ainda rudimentar. A excelência da fé cristã sobre a judaica fica evidente. Por meio dessa demonstração e em concordância a ela. Num segundo momento é apresentado vários motivos para a perseverança na fé (10.19 ao 12.28).

1.4. Canonicidade

Assim como para os demais livros do NT, Hebreus precisava seguir determinados critérios para ser aceito pela igreja e fazer parte da lista oficial de livros sagrados. Antes de mais nada precisamos entender como acontece o processo de canonização.

A palavra Cânon vem do grego que significa cana, junco. Era um instrumento de medição, uma espécie de régua; meio físico que buscava padronizar segundo o gosto daquele que fazia o uso (Ez 40.3-8). O termo foi apropriado para diálogos ou ações que demandavam padrões a serem seguidos (2Co 10.13-16; Gál 6.16). Para credenciar algo, critérios eram estabelecidos para que o que fosse testado pudesse se encaixar no padrão. O termo passou a ser utilizado às Escrituras Sagradas com o sentido de um catálogo de livros inspirados que oficialmente seriam aceitos pela igreja. Livros que fossem dignos, após passarem pela cana, ou por diversos testes e critérios. No caso do NT as cartas ou livros escritos para pessoas ou comunidades específicas, logo eram compartilhados e passavam a circular na igreja. Vale lembrar que os autores não tinham a intenção, nem tão pouco a clareza de que estes textos fariam parte de um compêndio como temos em nossas mãos na atualidade.

Quando esses livros ganhavam significativa circulação, os próprios cristãos faziam cópias com intuito de preservá-los. Contudo, não existia um órgão religioso que pudesse exercer algum tipo de controle do que deveria ser copiado e reproduzido. Com o passar do tempo essa necessidade vai marcando movimentos e ações que pregavam essa prática de separação dos livros inspirados. Após muitos embates, discussões e argumentações, o cânon do NT fica pronto no ano de 397 d.C. no concílio de Cartago, na África (REIS, 2006).

Antes da seleção, os critérios básicos para a aceitação de um livro ou carta como inspirados por Deus, de acordo com o professor Roberto (2006), eram:

* **Autoridade**: o livro deveria conter expressões ou fatos que pudessem indicar a plena autoridade divina. Ex. "assim diz o senhor", "o senhor me disse", etc. As declarações poderiam ser explícitas ou implícitas.

* **Autoridade profética**: Uma vez que os profetas possuíam ampla aceitação e respeito na nação, demonstrar autoridade profética na escrita era atuar em nome de Deus.

* **Confiabilidade**: Era preciso verificar o grau de confiabilidade do texto. O texto não poderia conter erros ou desvios doutrinários, contradições históricas ou coisas semelhantes.

* **Dinamismo**: O texto deveria ter uma capacidade transformadora. Sua leitura deveria provocar no leitor efeitos transformadores de vida; mudanças de atitudes, na forma de pensar e agir.

* **Aceitabilidade**: A confirmação que as pessoas dariam em determinado livro ou carta, quando passam a circular na igreja.

Como nas explicações acima, fica claro que não bastava escrever uma carta ou livro, como também não bastava sua preservação, era preciso outras credenciais. Apesar da carta aos Hebreus conter diversas questões difíceis de serem respondidas, como quem escreveu, quem de fato seriam os leitores originais, ou qual seria a influência primária desejada do autor aos destinatários, não podemos negar a singularidade da mesma. Hebreus se encaixou perfeitamente em grande parte dos critérios, e a ampla circulação desse texto na igreja contribuíram para que ela pudesse ser anexada ao cânon sagrado. Além disso, houve a corroboração do primeiro e do segundo século na atestação da epístola, assim como o suscitar das dúvidas, formando todo um expediente necessário para que ela pudesse tomar parte do Novo Testamento (NT).

1.4.1. A carta de Clemente e a carta aos Hebreus

Entre os cristãos primitivos, e no mais antigo dos escritos patrísticos, temos um importante texto. São Clemente Romano[4] (35-97), terceiro sucessor do papado (quarto, segundo a igreja católica, que considera Pedro o primeiro); vivera no final do primeiro século da era cristã. Esse, que fora identificado como colaborador de Paulo em Filipenses 4.3, também foi escritor de uma carta à igreja de corinto denominada: A carta aos coríntios de São Clemente Romano, (95 d.C) sendo essa a mais antiga literatura patrística, como já dito (GUTHRIE, 1984).

> Sim, e peço a você, leal companheiro de jugo, que as ajude; pois lutaram ao meu lado na causa do evangelho, com Clemente e meus demais cooperadores. Os seus nomes estão no livro da vida (Filipenses 4.3).

Muitos cristãos, após a época de Clemente, atribuíam a ele a autoria da carta aos Hebreus, em razão da extraordinária semelhança do estilo que esta tinha com sua Carta aos Coríntios. Obviamente, outros entendiam que Lucas deveria ter sido o escritor; contudo, a teoria mais aceita no cristianismo primitivo era de Clemente ter escrito.

Façamos um paralelo entre as duas cartas.

4 Ver nota 1

Carta aos Coríntios de Clemente	Carta aos Hebreus
Por ele, olhamos para o alto dos céus. Através dele, descobrimos a face imaculada e soberana de Deus. Através dele, abriram-se os olhos do nosso coração. Através dele, nossa inteligência obtusa e obscura se abre ao encontro da luz. Através dele, o Senhor quis que saboreássemos do conhecimento imortal. Sendo Ele o esplendor de Sua grandeza, é tanto maior que os anjos, tendo recebido em herança um nome superior ao deles. **(36.2)**	O qual, sendo o resplendor da sua glória, e a expressa imagem da sua pessoa, e sustentando todas as coisas pela palavra do seu poder, havendo feito por si mesmo a purificação dos nossos pecados, assentou-se à destra da majestade nas alturas; feito tanto mais excelente do que os anjos, quanto herdou mais excelente nome do que eles. **(1.3-4)**
Pois assim está escrito: "Aquele que fez os ventos serem seus anjos e as chamas do fogo serem seus servos". **(36.3)**	E, quanto aos anjos, diz: Faz dos seus anjos espíritos, E de seus ministros labareda de fogo. **(1.7)**
Assim falou o Senhor a respeito de seu Filho: "Meu Filho és tu. Hoje Eu te gerei: pede-Me e Eu te darei as nações como herança e os confins da terra como possessão". **(36.4)**	Porque, a qual dos anjos disse jamais: Tu és meu Filho, hoje te gerei? E outra vez: Eu lhe serei por Pai, E ele me será por Filho? **(1.5)**
E outra vez Lhe diz: "Senta-te à minha direita, até que ponha teus inimigos como escabelo de teus pés". **(36.5)**	E a qual dos anjos disse jamais: Assenta-te à minha destra, Até que ponha a teus inimigos por escabelo de teus pés? **(1:13)**

Feitas as comparações e analisando a carta aos coríntios, seria razoável supor que Clemente conhecia Hebreus, sendo um argumento interessante para datarmos a carta, bem como o reconhecimento de sua autoridade. Seguindo a tônica, Donald (1984), acredita que não existem evidências da possibilidade de que ambos teriam usado a mesma fonte, ou que a razão de Clemente não ter citado o autor de Hebreus, é porque ele já havia procedido da mesma forma em outros livros neotestamentários não citando o autor. Ainda continua.

> É provável que Hebreus tenha agradado especialmente a Clemente, que descreve o ministério cristão em termos do sacerdócio araônico, embora adote uma abordagem bem diferente do escritor desta carta. Esta dependência antiga de Clemente de nossa Epístola é tanto mais notável por causa do período subsequente em que parece ter sido negligenciada pelas igrejas no Ocidente. Não foi até o fim do século IV que recebem, entre aquelas igrejas, a honra que lhe cabia (GUTHRIE, 1984, p. 14,15).

1.4.2. Hebreus e Marcião de Sinope

Se no período de Clemente a Carta aos Hebreus é bastante notada, isso não acontece posteriormente nas igrejas do ocidente. Após ser citada por Clemente Romano, percebe-se que a carta caiu no esquecimento, inclusive não sendo citada, ou não estando nos livros autorizados de Marcião de Sinope (85-160), bispo de uma província romana e líder de uma seita herética. Esse possuía uma coletânea[5] do ensino apostólico (Paulo) e deixou de fora Hebreus pela forte dependência do AT. Marcião foi um dos pioneiros na preparação do cânon sagrado .

1.4.3. Cânon Muratoriano e demais evidências

Olhando para o primeiro século, nenhum apoio específico temos para a epístola, porém, essa realidade muda conforme avançamos no tempo. Na passagem para o II século encontramos mais evidências, mesmo que eventualmente nota-se a falta do mencionar da carta em alguns instrumentos tidos como importantes na história do cânon sagrado.

O cânon Muratoriano,[6] cópia da lista mais antiga que se conhece dos

---

5 **Cânon de Marcião**: A coletânea e a doutrina apregoada por Marcião foi considerada herética, não sendo poucos os apologistas que combateram veementemente esse cânon por ser contrário a ortodoxia cristã.

Marcião, que é conhecido apenas através de seus críticos, foi considerado herético por suas doutrinas

6 **Cânon Muratoriano**: Também chamado de Fragmento de Muratori (descoberto por Ludovico Antonio Muratori (1672 – 1750 - escritor, historiador e filósofo, sacerdote católico). A mais antiga conhecida cânone de livros do Novo Testamento, da mais alta importância para a história do cânon bíblico. O manuscrito está na Biblioteca Ambrosiana de Milão. Escrito no século oitavo, que mostra

livros do NT, catalogado como o cânon oficial da igreja Romana no fim do século II, não contém referência de Hebreus, contudo inclui-se nele todas as cartas do apóstolo Paulo. Dentre as razões dessa subtração podemos supor que a obra não se encaixava nos padrões dos demais livros, ou pelo fato de que o cânon de Muratori é somente um fragmento, ou até mesmo que essa lista tenha sido deturpada.

Irineu, Bispo de Lião[7] (130-202) e Cipriano, de Cartago (†258), nunca citaram Hebreus em seus escritos. Clemente de Alexandria[8] (150-215) menciona Panteno,[9] (seu mestre) como alguém que defendia a autoria paulina desta carta. Panteno acreditava que a omissão do nome do autor deve-se ao fato de que Paulo, por humildade, resolveu escrever aos Hebreus de uma forma diferente do que fizera aos gentios. O sucessor de Clemente de Alexandria, Orígenes colocou dúvidas acerca da autoria, mas não da canonicidade; acreditava que Lucas ou Clemente de Roma fosse o autor (GUTHRIE, 1984).

Tertuliano[10] (160-220) e Gregório de Elvira (†392) reconhecem-na, citando-a com o nome de Barnabé. Porém, o pioneiro escritor patrístico a citar e aceitar a carta foi Hilário (300-368), vindo posteriormente Jerônimo[11], sendo que esse escreveu que o costume dos latinos não admitiria a carta aos Hebreus, entre as canônicas . Foi através da opinião de Agostinho que a igreja aderiu a ideia de que mesmo sem uma autoria definida, a carta possuía um valor com base na própria autoridade e na abordagem, o que definia sua canonicidade.

Atanásio[12] (296-373), bispo e doutor de grande importância na igreja

claramente o latim inculto da época. Ele foi escrito em Roma, em si ou em seus arredores cerca de 180-200, provavelmente o original era em grego, do qual foi traduzido para o latim. Este texto latino é preservado apenas no manuscrito da Ambrosiana. http://mb-soft.com/believe/ttxm/muratori.htm

7 **Irineu de Lião**: Foi discípulo de Policarpo e conviveu com o apóstolo Joao. Nasceu na Ásia Menor, e em seu ministério foi um homem piedoso e erudito. Combateu heresias e promoveu a paz entre as igrejas no século II.

8 **Clemente de Alexandria**: Nascido por volta do ano 150, em Atenas, e falecido em 215, foi um dos primeiros Padres da Igreja. Apologista, ele se dedicou a esclarecer os pontos de consenso e de dúvida entre a Fílon sofia grega e o nascente cristianismo. Ensinou em Alexandria, terreno de especulações Fílonsóficas e teológicas e ambiente fértil, onde semeou a doutrina cristã.
http://www.histedbr.fae.unicamp.br/navegando/glossario/verb_b_Tito_Flavio_Clemente.html

9 **Panteno** (140-200) Filósofo e teólogo cristão do século II. Fundador da Escola Catequética de Alexandria, a primeira do gênero. Influente durante o Cristianismo primitivo e no desenvolvimento da teologia cristã.

10 **Tertuliano**: Homem importante na igreja primitiva e entre os pais da igreja como apologista e polemista. Nascido em Cartago, na África, filho de um importante centurião romano escreveu entre os séculos II e III. Talvez o primeiro a usar o termo Trindade.

11 **São Jerônimo Estridão:** (347-420) Seu nome de nascimento era Eusébio Sofrônio. Tradutor da Bíblia do grego antigo e Hebraico para o latim. Foi padre e apologista cristão. Destaca-se como teólogo, historiador, Doutor da igreja e tradutor da Bíblia para o latim (Vulgata).

12 **Atanásio**: Bispo e doutor da igreja; Nasceu em Alexandria no Egito.

e na criação do cânon do NT, entendia que Hebreus era uma produção do apóstolo Paulo.

[1]*Fragmento muratoriano (Biblioteca Ambrosiana em Milão)*

Empreendeu esforços contra a crença ariana. Grande apologista que or seus escritos foi exilado várias vezes.

1.5. Esboço

A SUPERIORIDADE DA FÉ CRISTÃ (1.1 à 10.18)	A revelação de Deus através do Filho (1.1-4)	
	A superioridade do filho aos anjos (1.5 à 2.18)	*Cristo é superior na Sua natureza (1.5-14)* *Uma exortação contra o desvio (2.1-4)* *A humilhação e a glória de Jesus (2.5-9)* *Sua obra em prol dos homens (2.10-18)*
	A superioridade de Jesus a Moisés (3.1-19)	*Moisés servo e Jesus o Filho (3.1-6)* *Fracasso do povo de Deus sob Moisés (3.7-19)*
	A superioridade de Jesus a Josué (4.1-13)	*O descanso maior que Josué não podia ter (4.1-10)* *A urgência em buscar o descanso (4.11-13)*
	Um sumo sacerdote superior (4.14 à 9.14)	*Nosso grande Sumo Sacerdote (4.14-16)* *A comparação com Arão (5.1-10)* *Um interlúdio desafiador (5.11 até 6.20)* *A ordem de Melquisedeque (7.1-28)* *O ministro da Nova Aliança (8.1-13)* *A glória maior da nova ordem (9.1-14)*
	O mediador (9.15 à 10.18)	*O significado da Sua morte (9.15-22)* *Sua entrada num santuário celestial (9.23-28)* *Seu oferecimento de Si mesmo em prol doutros (10.1-18)*
EXORTAÇÕES (10.19 à 13.25)	A posição presente do crente (10.19-39)	*O novo e vivo caminho (10.19-25)* *Outra advertência (10.19-25)* *O valor da experiência passada (10.32-39)*
	A fé (11.1-40)	*Sua natureza (11.1-3)* *Exemplos do passado (11.4-40)*
	A disciplina e seus benefícios (12.1-29)	*A necessidade da disciplina (12.1-11)* *Evitando a inconsistência moral (12.12-17)* *Os benefícios da nova aliança (12.18-29)*
	Conselhos finais (13.1-25)	*Exortações que afetam a vida social (13.1-3)* *Exortações que afetam a vida particular (13.4-6)* *Exortações que afetam a vida religiosa (13.7-9)* *Acerca do novo altar do cristão (13.10-16)* *Palavras finais (13.17-25)*

Tabela adaptada de Donald Guthrie (1984).

CAPÍTULO 2

Autoria e leitores

Neste capítulo abordaremos a autoria em possibilidade e dificuldades, e quem foram os leitores. Acerca do autor, mesmo que a tradição aponte ao apóstolo Paulo, é preciso levar em consideração a dificuldade da igreja primitiva na delimitação da autoria, e do quanto as exposições eruditas na modernidade tem sugerido diversas outras possibilidades, provocando em nossos dias, crescente denotação da impossibilidade paulina. Sobre os destinatários, sabe-se que eram cristãos saídos do judaísmo, porém muitas outras dúvidas surgem. Buscaremos tratá-las aqui.

2.1 Autoria da carta

Apesar das dificuldades tanto no passado como em dias atuais quanto ao real autor da epístola aos Hebreus, de acordo com Ronald (1998) precisamos estar cientes de algumas informações prévias quanto ao escritor.

- O autor é um filósofo cristão e judeu.
- Era um judeu helenizado (talvez de Alexandria)
- Um grande pregador. A Epistola tem a possibilidade de ser um sermão escrito.
- O autor era totalmente familiarizado com a linguagem e ideias Fílonsóficas [13] presentes no Judaísmo Alexandrino dos seus dias, bem como o vocabulário técnico.
- Se não aceitarmos ser Paulo o escritor, não podemos negar a proximidade deste com Timóteo (Hebreus 13.23) e consequentemente com Paulo.
- No mínimo compartilhou com Fílon uma educação em comum no pensamento Alexandrino, e em algum momento se converteu.
- Existe a indicação de que conhecia os escritos e pensamentos de Fílon

13 **Filonsófico**: Termo cunhado por diversos estudiosos em alusão aos ensinos especulativos teológicos de Fílon de Alexandria, que buscava embasamento na filosofia para exposição de sua suposta verdade.

· Assume que seus leitores têm familiaridade com a Filosofia e a teologia Alexandrina.

· Buscava contrastar sua visão cristã com a pregada pela comunidade dos seus leitores.

· Via a Filosofia Alexandrina como incompatível com a fé cristã.

· Um de seus propósitos é expor a incompetência dos mediadores, ou logoi (razão), alexandrinos.

· Via Jesus como o maior mediador (melhor).

· Acreditava que a história provava a eficácia da fé Cristã.

· Dada as primeiras observações, discorreremos possibilidades e impossibilidades acerca do autor de Hebreus.

2.1.1. A impossibilidade Paulina?!

Além do que já fora observado, para alguns, parece ser bastante passiva a ideia acerca da autoria paulina. Isso porque, além do exame interno do próprio texto, entre os gregos existia a percepção de que hebreus havia sido escrito por Paulo; bispos gregos, assim também como os latinos, na segunda metade do século IV e na primeira do V, mantinham a mesma opinião com sírios e outros orientais. Contudo, também é fato a existência da descrença da igreja ocidental e da contemporânea sobre a autoria, suscitando dúvidas, ou na sua grande maioria, conjecturas sobre origem e autoria da carta. O que inevitavelmente precisamos concordar é que a autoria paulina, não obstante apresentar possíveis provas, muitos teólogos não concordam com esta ponderação (GUTHRIE, 2006).

Os que negam a autoria paulina, acreditam que a elegância e estilo da carta não remete a ideia de Paulo, ou como Orígenes disse: "faltava a rudeza de expressão do apóstolo", e de que a carta era "mais idiomaticamente grega na composição da sua dicção". Muitos estudiosos concordam com Orígenes, pois o estilo literário do grego koinê apresentado em Hebreus contém menos irregularidades de sintaxe[14] do que nas cartas de Paulo; não desvia o foco. Hebreus também não menciona vários outros temas, característicos de Paulo, além de que a forma de mencionar o AT como o escritor de hebreus faz, não faz jus a forma em que Paulo escrevia suas cartas. Donald (2006) cita outras razões:

14 **A Sintaxe** é a parte da gramática que estuda a disposição das palavras na frase e a das frases no discurso, bem como a relação lógica das frases entre si. Ao emitir uma mensagem verbal, o emissor procura transmitir um significado completo e compreensível. Para isso, as palavras são relacionadas e combinadas entre si. A sintaxe é um instrumento essencial para o manuseio satisfatório das múltiplas possibilidades que existem para combinar palavras e orações. http://www.soportugues.com.br/secoes/sint/

· A carta aos Hebreus não contém qualquer referência a Paulo.

· Em nenhum momento temos ao menos a sugestão ou referência que Paulo escrevia em anonimato.

· Um apóstolo que meticulosamente reivindica autoridade na introdução das epístolas que leva seu nome, não teria enviado uma carta sem referência àquela autoridade especial que está revestido e que tanto menciona.

· No texto de Hebreus não temos a experiência do autor de uma dramática conversão, o que encontramos na superfície das cartas paulinas

· Já nos tempos de Orígenes era perceptível a diferença do grego entre as cartas Paulinas e de Hebreus.

· O Escritor aos Hebreus sempre volta para o mesmo assunto, quando em alguns momentos pausa para fazer alguma exortação. Ao contrário de Paulo que às vezes muda de assunto e não retorna.

· O método de citação do Antigo Testamento é diferente de Paulo. Também a declaração em 2.3 pressupõe que o autor não tinha revelação pessoal da parte Deus, mas que recebera uma grande salvação. "*Como escaparemos nós, se negligenciarmos tão grande salvação? Esta salvação, primeiramente anunciada pelo Senhor, foi-nos confirmada pelos que a ouviram*". (Hebreus 2.3).

· O autor se considera um discípulo dos apóstolos. Paulo nunca teria admitido que recebeu a base do evangelho em segunda mão.

· Calvino acreditava que os estilos eram diferentes. Rejeitava completamente a autoria paulina.

· O autor tem um relacionamento Pessoal com Paulo e Timóteo (13.23)

·

2.1.2. Outras alternativas do passado

Com base nos testemunhos antigos temos além de Paulo, Lucas, Clemente e Barnabé como possíveis autores da carta em questão. Analisando os textos de Lucas e da carta aos hebreus é possível perceber certa semelhança de ideias; afinidades surgem à medida que destrincham os temas, porém, não são poucos os estudiosos que acreditam na insuficiência de provas. João Calvino apresentou certa disponibilidade para aceitar Lucas ou Clemente, contudo, as diferenças entre o conteúdo teológico de Clemente e da epístola aos Hebreus saltam, pontuando que Clemente estaria na verdade citando Hebreus.

Outra reivindicação a ser apresentada é de José, codinome Barnabé como possível autor. Os que assim ponderam, o fazem devido o passado como levita que Barnabé possuía, vindo de Chipre, lugar recheado da cultura helenista[15]. Autores modernos atestam essa possibilidade; alguns acreditando ser a voz de Barnabé e a mão de Lucas. Entretanto, não poucos são os que negam tal autoria.

Além dos prováveis autores apresentados, não podemos deixar de mencionar a posição de diversos estudiosos que acreditam não em um autor, mas numa autora da carta aos Hebreus: Priscila. Essa, esposa de Aquila, formam um casal conhecido no NT. Amigos de Paulo, moravam em Roma quando em ocasião do decreto de Cláudio, imperador Romano, foram expulsos (49 d.C.). De Roma foram para a cidade de Corinto, lugar em que conheceram o apóstolo Paulo. Priscila, assim como seu esposo, exerciam o ofício de fazedores de tenda (Atos 18.1-3); foi educada por Paulo na escrita da carta, contando também com o auxílio do esposo. Dentre as razões apresentadas diante do fato de que a carta não menciona o autor, sinaliza-se a dificuldade que a igreja cristã primitiva teria em aceitar as opiniões femininas.

2.1.3. Conjecturas modernas: o Eloquente

É grande o número daqueles que acreditam ter sido um certo pregador eloquente o autor da carta aos hebreus. Os que assim pensam, analisam a epístola como algo que vai além da exortação aos judeus cristãos, mas também é escrita como uma forma de combater os pensamentos inteligentes, porém equivocados, que surgia naquele tempo em meio a sapiência alexandrina.

Alexandria no começo da era cristã, tinha se tornado o principal centro do pensamento helenista, o que a tornou um espaço da grande comunidade de judeus que tinham sido desalojados da Palestina. Afastados do solo pátrio, com o antigo testamento em grego, cada vez mais tinham interesses na Filosofia platonista[16] e no estoicismo[17], não tendo mais incentivos para continuarem a falar o idioma hebraico; o que motivou o desprezo por parte dos antigos companheiros do judaísmo da palestina. Agora eram Judeus Alexandrinos intelectuais. Daí a razão da polidez da carta.

---

15 **Cultura helenista**: Período da história que inicia em Alexandre, o Grande (sua morte). Foi um período em que a influência grega dominou grande parte do mundo, principalmente por meio da forma Fílonsófica grega de pensar: estoicismo, epicurismo, cinismo e o ceticismo.

16 **Platonismo**: Platão (428 a.C.-347 a.C.): Filósofo grego que que trabalhando com o dualismo, propôs o mundo das ideias é a realidade superior; o mundo material é inferior e imperfeito, sombra da realidade. Desenvolveu uma lógica dialética. O conhecimento superior é o intelectivo, lembrança do mundo das ideias. A alma é superior ao corpo, que é a sua prisão (SAYÃO, 2001).

17 **Estoicismo**: A principal contribuição estóica é a ética. Zenon de Quitium é o fundador. A finalidade da vida é a felicidade alcançada pela prática da virtude. As paixões devem ser reprimidas. A matéria, passiva, e o Logos, ativo, constituem o mundo. Outros estóicos de renome forma Epíteto, Sêneca e Marco Aurélio (SAYÃO, 2001).

De acordo com Ronald Nash (1998), o judaísmo helenista que brotou em Alexandria era diferente do rabínico, esse último baseado no Antigo Testamento. Em Alexandria suas crenças e hábitos sofreram transformações conforme o grego e a Filosofia da cultura helenista eram difundidos entre eles. Para melhor entendimento faz-se necessário a observação de que a história para o judaísmo rabínico é algo importantíssimo como expressão de fé. A linearidade dos eventos faz saltar o poder e as promessas de Deus na compreensão do passado e do futuro. Essa visão de uma história linear, que acontece à medida que o tempo passa, produziu as expectativas judaicas, deu significado a história, e remetia a um futuro de esperança e da vinda de Cristo. Acreditavam que Deus está no controle da história. Contudo, a fé judaica alexandrina enxergava a história de outra maneira, não linear, mas cíclica, algo que constantemente se repetia. O grande expoente dessa visão, na época, foi Fílon de Alexandria (25 a.C a 50 d.C).

Fílon abandonou a visão histórica do AT em favor da visão cíclica (círculo). Ele é a grande demonstração de como os intelectuais judeus, alvos da carta aos Hebreus, estavam vivendo. As influências helenísticas mudaram a forma como os profetas do AT viam a história, agora depreciada. Entendiam que tudo o que acontece já aconteceu várias vezes. Assim, não se tinha qualquer objetivo na história ou para os seres humanos. Não existe razão na aceitação de algo que se apresentava historicamente. Fílon ainda cometeria exageros ao explicar como Deus se comunicava com o mundo dos homens. Explicou que Deus utilizava intermediários para se comunicar com o mundo: l*ogos*; um termo emprestado dos filósofos estóicos, agora usado por Fílon indiscriminadamente. *Logos* seria o mundo das ideias de Platão, a mente de Deus, e os intermediários ou mediadores necessários entre Deus e o mundo seriam: Anjos, Moisés, Melquisedeque e o sumo-sacerdote Judeu.

Com essa visão alegórica, Fílon deformou completamente o AT, fazendo com que judeus convertidos à fé cristã, bebessem dessa interpretação supostamente inteligente.

> Os filósofos gregos pensavam na história em termos de círculos eternamente recorrentes, pensando que a história é um grande círculo: Tudo que acontece já aconteceu várias vezes antes e acontecerá novamente. Tal visão deprecia a história. Se a história gira e gira, nunca chegando a algum lugar, para sempre se

> repetindo, então não pode existir nenhum objetivo ou propósito na história para os seres humanos como indivíduos ou para a raça humana. Tudo o que acontece aos indivíduos acontecerá novamente; tudo o que os humanos realizam, eles devem realizar novamente e novamente – para sempre. Os escritos de Fílon revelam que a comunidade alexandrina tinha aceitado a visão cíclica do tempo (NASH, 1998 p.43).

Se tudo é uma continuidade da história, a vinda de Jesus à terra só foi mais uma configuração do que sempre acontece. Não existe nada de especial. Negar a linearidade é não ver a crucificação como evento único e suficiente. Consequentemente, negar a linearidade do tempo é contrariar a vitória final, o arrebatamento da igreja, o grande dia.

Era preciso provar aos alexandrinos a importância do tempo como linear, pois assim é possível ver o progresso da história até a vitória final, além dos períodos particulares, que não se repetem. Porém, não bastaria explicar de maneira superficial ou através dos moldes explicativos dos judeus cristãos da palestina; era preciso voltar às bases, ter conhecimento profundo do judaísmo e da cultura alexandrina; era preciso usar da mesma Filosofia para provar o quanto estavam equivocados, era necessário alguém que conhecesse os caminhos e pensamentos de Fílon, alguém que entendesse as raízes do estoicismo, do epicurismo[18], alguém que compreendesse a Filosofia helenística do ceticismo[19]; era preciso alguém de dentro, de Alexandria. Quem se encaixaria nessa missão? Quem estaria à altura dessa tarefa intelectual? Atos 18.24-26 parece nos dar essa informação.

> Enquanto isso, um judeu chamado Apolo, natural de Alexandria, chegou a Éfeso. Ele era homem culto e tinha grande conhecimento das Escrituras. Fora instruído no caminho do Senhor e com grande fervor falava e ensinava com exatidão acerca de Jesus, embora conhecesse apenas o batismo de João. Logo começou a falar corajosamente na sinagoga. Quando

18 **Epicurismo**: Escola que surge com Epicuro (341-27 a.C.) Acredita-se que tudo é composto de átomos e vácuo (materialismo). Mecanicismo, sensorialismo gnosiológico. Moral hedonista, o prazer é o bem supremo (SAYÃO, 2001).

19 **Ceticismo**: Pirro de Éllis (360-270 a.C.) e Sexto Empírico (final do século II) são os expoentes. Toda inquietude vem da obrigação de conhecer e dar valor às coisas. Deve-se suspender o juízo sobre tudo e buscar a paz da alma, ataraxia (SAYÃO, 2001).

> Priscila e Aquila o ouviram, convidaram-no para ir à sua casa e lhe explicaram com mais exatidão o caminho de Deus.

Apolo seria a razão de Hebreus também ser uma resposta a Fílon de Alexandria. Algo concordado por Martinho Lutero (GUTHRIE, 2006). Apolo era originalmente cidadão alexandrino, judeu helenizado, e como tal teria familiaridade no modo de pensar do seu concidadão Fílon, refletido na Epístola. Nash (1998) sinaliza que ele possivelmente tenha compartilhado com Fílon a mesma educação alexandrina, e que em algum momento Apolo tenha se convertido em Cristo Jesus, impelindo-o mais tarde a escrever uma carta aos outros judeus alexandrinos que também haviam se tornado cristãos, mas estavam desanimados e duvidosos em que acreditar acerca de Cristo. A familiaridade dos leitores da carta com a Filosofia e teologia alexandrina é percebida em Hebreus.

Apolo é um nome grego, um judeu culto, instruído, que falava grego, e foi um grande orador e mestre. Conheceu Jesus, foi discipulado por Priscila e Áquila (Atos 18.26) e por Paulo (Atos 19.1-7). Tornou-se uma presença poderosa na igreja (I Co 1.11-17). Para tanto, Apolo, na visão de muitos, seria a figura correta para responder à altura, negando a visão cíclica de Fílon sobre a história. Independentemente da factibilidade da autoria de Apolo, o escritor aos Hebreus rebate a visão helenística, apresentando a história como linear, algo que não se repete.

> Pelo cumprimento dessa vontade fomos santificados, por meio do sacrifício do corpo de Jesus Cristo, oferecido uma vez por todas. Dia após dia, todo sacerdote apresenta-se e exerce os seus deveres religiosos; repetidamente oferece os mesmos sacrifícios, que nunca podem remover os pecados. Mas quando este sacerdote acabou de oferecer, para sempre, um único sacrifício pelos pecados, assentou-se à direita de Deus. Daí em diante, ele está esperando até que os seus inimigos sejam colocados como estrado dos seus pés; porque, por meio de um único sacrifício, ele aperfeiçoou para sempre os que estão sendo santificados (Hebreus 10:10-14).

Os versículos acima buscam demonstrar a substituição necessária da visão cíclica anterior da história por uma visão linear, na qual a morte de cristo, aconteceu uma única vez, ocupando um estágio central.

2.3. Os leitores

Não existem manuscritos dessa carta que não mencione "aos Hebreus". Porém, não existe nenhuma identificação específica dentro do próprio texto, indicando que os leitores eram hebreus. Assim, a possibilidade é que o título não seja original, mas fruto de tradição ou conjectura. Nenhum pai da igreja, por exemplo, nega que o título aconteceu por tradição, como também não duvidam ou não colocam em descrédito o título dessa, entendida, como boa tradição. Contudo, algumas questões podem ser levantadas. Quem são esses hebreus? Que tradição seria essa? Consideremos que o termo "hebreu" pode especialmente estar se referindo aos judeus de fala aramaica ou hebraica, distinguindo-os do idioma grego (Atos 6.1; II Co 11.22; Fp 3.5). O título também pode ser genérico para judeus cristãos, não importando se de fala aramaica ou grega. A quem diga que a carta foi direcionada a gentios (GUTHRIE, 2006).

2.3.1 Leitores gentios

Os que acreditam que os leitores ou destinatários eram gentios, se valem da premissa de que a ampla menção do antigo testamento na carta aos hebreus, não necessariamente exige que os leitores sejam um grupo judaico, uma vez que o AT era universalmente a escritura sacra difundida entre judeus ou gentios na igreja primitiva. Era preciso observar que cartas escritas para gentios, como aos romanos, e aos gálatas, também se referem sistematicamente ao Antigo Testamento. Isso porque não demorava muito tempo para que os convertidos gentios se familiarizassem com o AT.

2.3.2. Judeus cristãos alexandrinos

Olhando e tendo como foco o título dessa carta, é perceptível, ou ao menos temos a indicação, de que o autor conhecesse bem a situação de seus leitores. Vagando pelo conteúdo da epístola sabe-se que o autor conhecia o estado na mente deles (5.11ss), o autor mostra que eram uma parte pequena de um grupo maior (5.12), um grupo além da igreja principal, que pela intelectualidade destes, acabaram por estarem fora do grupo maior (10.25). Poderiam até ser sacerdotes, que se reuniam com novas abordagens do AT, por isso tamanha ênfase do contexto levítico. Também é possível ver que o autor sabia que foram expostos e insultados, tiveram bens confiscados, e que eram solidários aos que passavam por situações semelhantes (10.33,34). O conhecimento profundo do autor ainda é visto quando este menciona questões ligadas ao casamento e dinheiro (13.4,5), ou de pessoas específicas como alvo no decorrer da carta (13.18,19,23). Essas informações são importantes para que diversos teólogos acreditem que estamos falando de judeus que se tornaram cristãos e que na ocasião foram para Alexandria, o que prova o profundo conhecimento do autor aos leitores e a razão da carta levar esse nome.

2.3.3. Essênios

Outra possibilidade, uma vez que estes haviam tido desavenças com os partidos judaicos principais no que diz respeito aos modos contemporâneos de procedimentos da fé judaica, são os essênios. Apesar de não serem mencionados na Bíblia, formavam com os fariseus e saduceus, as três principais seitas entre os judeus. Os essênios eram um agrupamento de judeus em Qumran, que com interpretações próprias, decidiram formar comunidades no deserto. Lá viviam como povo exclusivo e "verdadeiro" de Deus. Não aceitavam a visão atual dos fariseus e dos saduceus acerca do Templo, tinham uma interpretação própria, e acreditavam que eram os detentores da pureza do judaísmo. O forte apego ao AT e a má interpretação que nutriam acerca de Jesus, levaram a percepção de estudiosos de que a carta aos Hebreus foi escrita para eles. Entretanto, a teoria perde forças uma vez que não existe qualquer menção dos essênios em nenhuma parte do NT.

O que fica claro, diante de todo expediente, é que os leitores eram cristãos que saíram do judaísmo, eram conhecedores dos termos ligados ao AT empregados na carta e haviam pertencido à comunidade primitiva de Jerusalém, o que nos aponta com mais força para os judeus cristãos alexandrinos.

CAPÍTULO 3

Destino geográfico e conteúdo

Assim como existem as dificuldades em definirmos o autor e destinatários, qualquer fixação engessada da habitação dos leitores ou data de escrita, é carregada de dúvidas. Neste capítulo trabalharemos qual era o destino geográfico da carta, além de discutirmos o conteúdo da mesma. A mensagem da epístola mesmo com fundamentação no AT é interpretada à luz da revelação de Cristo, portanto, é cristocêntrica, ou seja, gira em torno da pessoa de Jesus Cristo.

3.1. Destino Geográfico

Pela língua escrita, o grego koinê, podemos pensar num ambiente para longe da região da Judéia, local que se falava o aramaico. É provável que estamos diante de judeus cristãos que sofreram uma intensa perseguição, movida contra a igreja de Jerusalém, contida no livro de atos (8.1), o que levou os cristãos a fugirem a Fenícia, Chipre e Antioquia, como também para diversas cidades helenísticas da costa mediterrânea.

Os que acreditam que o destino seria Jerusalém, usam as referências de perseguições contidas nos textos 10.32 e 12.4 da carta. Nos "dias anteriores" poderia ser uma alegação dos sofrimentos que a comunidade em Jerusalém estava passando, além de sabermos o quanto esse grupo dava importância ao ritual levítico. Outrossim, como nenhuma igreja reivindica a carta para si, entende-se que se trata de uma igreja num lugar que seria destruído, o que aconteceu no ano 70 d.C. com Jerusalém, quando o general Tito a invade e a destrói. Entretanto, usando esse argumento, não encontramos indicações de que outras cartas tiveram a reivindicação de suas igrejas destino. Outro ponto que distancia Jerusalém do destino é o que consta em Hebreus 2.3. Aqui se comprova que nem os leitores, nem tão pouco o escritor, receberam a informação do evangelho diretamente de Jesus, mas por outras pessoas. É difícil pensar que alguém que tenha vivido em Jerusalém não tenha ouvido Jesus.

É de Roma que vem a maior quantidade de comprovações internas e externas. Foi lá que a carta foi pela primeira vez reconhecida e citada (última década do I Século). Uma ligação pode ser vista entre Roma como destino, ou como ambiente de escrita, na saudação (13.24) "*Saúdem a todos os seus líderes e a todos os santos. Os da Itália lhes enviam saudações*". O texto pode indicar que o autor queria dar credibilidade (sendo prata da casa) a seus compatriotas, cristãos italianos que estariam longe da Itália, ou simplesmente fazendo referências do local em que estava escrevendo; estando em Roma, direcionava sua atenção a uma comunidade distante, que conhecia o local na qual o autor estava escrevendo.

Sugestões modernas apontam, como já frisado, para Alexandria, dado os paralelos da carta e dos escritos de Fílon de Alexandria. Com essa noção, consideremos que em data antiga, tinha-se Alexandria como destino de uma certa "carta de Paulo" aos Hebreus. Vale lembrar que em Alexandria temos exilados de Roma (de diferentes províncias) devido o decreto do imperador Cláudio por volta do ano 49 d.C.

3.2. Data

Pelas discussões de destinatários, autoria e contexto, já podemos ter uma noção das dificuldades que circulam sobre a data. O que pode ser feito é buscar limitar um espaço de tempo na qual a carta poderia ter sido escrita, não mais do que isto. Dentro de nossas limitações já podemos iniciar dizendo que tal carta foi concluída antes de 95. d.C, data da escrita da carta de Clemente de Roma. Levando em consideração que o escritor não faz nenhuma menção da queda de Jerusalém e ainda sugere que o ritual ainda continua (9.6-9; 7.8), a carta teria de ser datada antes de 70 d.C. Seria pouco provável escrever após a data da destruição de Jerusalém e não mencionar nada sobre o acontecido, referente a invasão do general romano Tito. Imaginemos que essa carta sendo escrita após os acontecimentos de Jerusalém, poderia dar ao autor subsídios teológicos interessantes, aludindo aos leitores a ideia do antigo que daria espaço ao novo, usando as referências históricas da invasão.

Obviamente também precisamos estar cientes de que o autor faz mais menção do tabernáculo do que no templo, o que também pode inferir de que o templo já não mais existia; contudo, ao lermos os verbos contidos em hebreus 13.10,11 temos a clareza de que as cerimônias ainda estavam sendo observadas, portanto, o templo ainda se mantinha em pé.

No capítulo 10 e versículo 32 diz: "*Lembrem-se dos primeiros dias, depois que vocês foram iluminados, quando suportaram muita luta e muito sofrimento*". Se tomarmos esse texto como o decreto do Imperador Cláudio (49 d.C.), que como mencionado, exilou judeus de Roma, (Atos 18.1,2) e ao mesmo tempo entendermos que ainda não se trata da perseguição de Nero (54-68), que iniciou na noite de 18 de julho de 64, poderemos considerar que dentro desse tempo de 15 anos (entre 49 e 64) a carta foi escrita (GUTHRIE, 2006).

3.3. Propósito da carta

"Rogo-vos, porém, irmãos, que suporteis a palavra desta **exortação***; porque abreviadamente vos escrevi".* Hebreus 13.22. Como o próprio autor deixa claro, a carta é uma palavra de exortação. Era preciso seguir o caráter do evangelho no cuidado com o outro, na observação além do "eu": "*E, depois da lição da lei e dos profetas, lhes mandaram dizer os principais da sinagoga: Homens irmãos, se tendes alguma* **palavra de consolação** *para o povo, falai".* Atos 13:15.

Como já sugerido, a estrutura da carta parece ser uma pregação feita em um momento especial e mais tarde adaptada na forma de uma carta com acréscimos de comentários pessoais no final. O autor estava diante de leitores que passavam por grande aflição. Era preciso conservar a fé cristã genuína, não regredir às práticas cerimoniais engessadas do judaísmo de outrora. Viviam num ambiente helenístico, na qual o evangelho estava sendo deturpado por pessoas como Fílon, que equivocadamente usava o *logos,* o mundo das ideias, passando a noção de que Deus usava mediadores como anjos, Moisés, Melquisedeque e o sumo-sacerdote Judeu, para se comunicar com o mundo.

Portanto, o grande objetivo dessa carta é mostrar a fragilidade e a insuficiência desses mediadores e do *logos*. Era preciso mostrar que Jesus é o mediador perfeito, sendo superior a qualquer outro intermediário do sistema alexandrino. "Uma das palavras-chave de Hebreus é "melhor": Jesus é melhor do que os anjos, Moisés, Melquisedeque, e o sumo-sacerdote judeu. Para o autor de Hebreus, Jesus é o único mediador verdadeiro entre Deus e os homens" (NASH, 1998, p.44). Tendo em vista o principal propósito, ainda podemos citar como foco da epístola:

· Confortar os corações dos hebreus amedrontados

· Animar os corações ao que era mais excelente

· Confrontar as doutrinas equivocadas.

· Mostrar Jesus como o único e verdadeiro mediador entre Deus e os homens

· Jesus é superior, o sacrifício foi pleno e completo, irrepetível, sem necessidade de sacrifícios contínuos

· Cristo é superior a qualquer ordem sacerdotal e sua obra foi consumada de uma vez por todas

· É possível ver na história a vitória de Deus

· Era preciso suportar as vexações dos antigos companheiros

· Era preciso força para lutar pelos bens que Cristo prometeu

· A fé cristã é mais excelente

3.4. Conteúdo

Como já apresentado pelo esboço, podemos dividir a epístola em duas partes. Na primeira, em caráter doutrinário, o autor apresenta a superioridade da fé cristã (1.1 a 10.18). Fala acerca de Cristo e de como o mestre era superior aos demais mediadores e líderes do AT.

> Há muito tempo Deus falou muitas vezes e de várias maneiras aos nossos antepassados por meio dos profetas, mas nestes últimos dias falou-nos por meio do Filho, a quem constituiu herdeiro de todas as coisas e por meio de quem fez o universo. O Filho é o resplendor da glória de Deus e a expressão exata do seu ser, sustentando todas as coisas por sua palavra poderosa. Depois de ter realizado a purificação dos pecados, ele se assentou à direita da Majestade nas alturas, tornando-se tão superior aos anjos quanto o nome que herdou é superior ao deles (HEBREUS 1.1-4).

O autor indica aos leitores que era preciso enxergar Jesus como o eterno filho de Deus. Conquanto sofrera e foi humilhado até a morte de cruz, isso de maneira alguma rebaixou sua glória, pelo contrário, sua obra foi gloriosa e redentora (1 a 4.13). O texto ainda contém, além do paralelismo de Jesus e Moisés ou Josué (3.1-6; 4.6-13), a comparação com Arão (5.4-6,10). Esse é apresentado como um sacerdote nomeado pelo próprio Deus, representante do povo, mas, vindo Jesus, seu sacerdócio sobrepuja ao de Arão; aqui o autor faz ligação reproduzindo o mais nobre e antigo sacerdote, Melquisedeque (7.1 a 8.6). Nesse momento é usado ao estilo judaico uma ilustração: o uso de um fato espiritual demonstrando-o em seu valor típico. Nesse caso Melquisedeque é um tipo[20] de Cristo.

Em ato contínuo a epístola aos Hebreus evidencia a superioridade da nova aliança em relação à antiga (8.7 a 10.18). O autor indica que tendo Jesus como o cabeça, toda antiga aliança é invalidada. Seu único sacrifício era eficaz e perfeito para o perdão dos pecados, não mais carecendo da vida cerimonial em sacrifícios repetitivos como meio salvífico (4.14 a 10.18). O antigo acordo era provisório, serviu por um tempo e propósito, porém era simples e um tipo do que ainda "viria", algo que agora já estava entre eles: a boa nova de salvação. Essa nova aliança foi selada não mais com o sangue de animais, mas com o sangue de Jesus. Ou seja, o único sacrifício da nova aliança era superior e muito melhor do que os incontáveis da antiguidade (PEARLMAN, 2006).

Num segundo momento a argumentação do texto recai sobre conselhos práticos e solenes aos hebreus (10.19 a 13.25). Os leitores são exortados a persistirem com paciência e alegria confiante, mesmo em meio as provações que viviam. São advertidos contra a apostasia (10.26-31) e a compreenderem que a fé seria a virtude essencial se quisessem ser participantes das promessas de Deus. Para essa explicação é apresentada uma extensa lista de heróis e mártires da fé (10.37 a 12.1-4). Percebe-se que o sofrimento seria um meio para produção de um bem maior entre eles.

Hebreus encerra com exortações finais (13.1-37) conclamando seus leitores para uma vida santificada, firme, separada, e de submissão a Deus.

20 **Tipo**: Figura de linguagem/retórica. O tipo é uma classe de metáfora que não consiste meramente em palavras, mas em fatos, pessoas ou objetos que designam fatos semelhantes, pessoas ou objetos no porvir. Estas figuras são numerosas e chamam-se na Escritura sombra dos bens vindouros, e se encontram, portanto, no Antigo Testamento. Exemplos: Jesus mesmo faz referência à serpente de metal levantada no deserto, como tipo, prefigurando a crucificação do Filho do homem (João 3.14). Sobretudo, a carta aos Hebreus faz referência aos tipos do Antigo Testamento, como, por exemplo, ao sumo sacerdote que prefigurava a Jesus; aos sacrifícios que prefigurava o sacrifico de Cristo; ao santuário do tempo que prefigurava o céu (LUND; NELSON, 1968).

CAPÍTULO 4

Contexto histórico

Levando em consideração o forte indício de que a carta tenha sido escrita para judeus cristãos, precisamos partir do contexto judaico, ou tendo como pano de fundo o ambiente rabínico do AT. Isso porquê, de acordo com Guthrie (2006), - referência também para esse capítulo - qualquer escrito fica iluminado quando é colocado ou exposto sua situação histórica, o que se torna necessário, e extremamente belo, do ponto de vista do estudo, indicar de modo breve o meio-ambiente desta ou de qualquer outra epístola. O contexto histórico em sua abrangência partindo do AT, e os expedientes da época em que a carta fora escrita, serão abordados neste capítulo.

4.1. Antigo Testamento

É inegável a forte influência do Antigo Testamento sobre o autor, principalmente o pentateuco. Toda sua alusão e fundamentação não está somente no templo, mas de maneira muito mais profunda, nas bases levíticas. Sendo assim, percebemos seu interesse em estabelecer um elo e uma abordagem agora cristã ao ritual já conhecido do AT. O foco não era o ato em si, mas nas bases que legitimavam tal ato. E para o paralelo cristão sua atenção recai no pensamento da superioridade de Cristo.

Com grande interesse em legitimar sua prédica, quanto ao que estaria por apresentar, o autor busca não somente o pentateuco, mas também outros trechos do AT como forma de mostrar, ou argumentar, que aquilo que estava dizendo não era oriundo de especulação, mas na base da fé de seus leitores, que agora interpretavam o texto de forma equivocada.

Ele está se referindo, por exemplo, ao Salmo 110.4: "*Jurou o Senhor, e não se arrependerá: tu és um sacerdote eterno, segundo a ordem de Melquisedeque*", quando menciona o assunto em Hebreus 7.1-2

> Porque este Melquisedeque, que era rei de Salém, sacerdote do Deus Altíssimo, e que saiu ao encontro de Abraão quando ele regressava da matança dos reis, e o abençoou; 2. A quem também Abraão deu o dízimo de tudo, e primeiramente é, por interpretação, rei de justiça, e depois também rei de Salém, que é rei de paz.

Em Hebreus 8.8-10, o escritor está fazendo referência ao texto de Jeremias (31.31-33). Esses paralelos são importantes para trazer luz aos destinatários, a ideia do quanto o autor estava ciente do judaísmo e de como era preciso entenderem que as interpretações entre os judeus cristãos, faziam parte de uma antiga aliança, agora já superada pelo sacrifício de Cristo. Vejamos:

> 8 Porque, repreendendo-os, lhes diz: Eis que virão dias, diz o Senhor, Em que com a casa de Israel e com a casa de Judá estabelecerei uma nova aliança, 9 Não segundo a aliança que fiz com seus pais No dia em que os tomei pela mão, para os tirar da terra do Egito; Como não permaneceram naquela minha aliança, Eu para eles não atentei, diz o Senhor. 10 Porque esta é a aliança que depois daqueles dias Farei com a casa de Israel, diz o Senhor; Porei as minhas leis no seu entendimento, E em seu coração as escreverei; E eu lhes serei por Deus, E eles me serão por povo; (Hebreus 8.8-10).
>
> Eis que dias vêm, diz o Senhor, em que farei uma aliança nova com a casa de Israel e com a casa de Judá. 32. Não conforme a aliança que fiz com seus pais, no dia em que os tomei pela mão, para os tirar da terra do Egito; porque eles invalidaram a minha

> aliança apesar de eu os haver desposado, diz o Senhor. 33. Mas esta é a aliança que farei com a casa de Israel depois daqueles dias, diz o Senhor: Porei a minha lei no seu interior, e a escreverei no seu coração; e eu serei o seu Deus e eles serão o meu povo (Jeremias 31.31-33).

Em momento algum o autor busca descredenciar o Antigo Testamento, porém, argumentar que o autêntico culto judaico ali apresentado, era sombra de uma realidade posterior e melhor; chega inclusive atestar a veracidade do AT, quando reforça a discussão da humanidade de Cristo: *"[5]Porque não foi aos anjos que sujeitou o mundo futuro, de que falamos. [6]* ***Mas em certo lugar testificou alguém****, dizendo: Que é o homem, para que dele te lembres? Ou o filho do homem, para que o visites?"* (Hebreus 2.5,6). Nos versículos o autor busca autorizar o Salmo 8.4: *"Que é o homem mortal para que te lembres dele? e o filho do homem, para que o visites?"*. Esse é mais um exemplo de que o autor sempre pondera precisamente o contexto do AT. Suas aplicações quanto aos ritos são com base no contexto do que os judeus já conheciam, apesar de buscar contextualizar as aplicações para o que normalmente um cristão abalizado deveria fazer. Um exemplo está na performance contemporânea do texto de Salmo 45.6 e Hebreus 1.8

4.2. Os de Qumran

Ainda dentro do contexto histórico, também precisamos descobrir se o desenvolvimento da seita judaica em Qumran (Essênios) teve qualquer relevância para a produção da epístola. É razoável pensar que o contexto sugere certa conexão, quem sabe indireta, entre o conteúdo e razão da carta e o que acontecia na comunidade de Qumran (GUTHRIE, 2006).

Quando olhamos o texto de Hebreus percebemos temas como: sacerdotes e mestres, Melquisedeque, a equivocada percepção helenista em ver anjos como mediadores, além da exegese equivocada dos leitores. Agora, entre os essênios predominavam temas semelhantes; possuíam uma casta sacerdotal, tinham interesse por Melquisedeque e anjos, além de serem insistentes numa exegese que buscava aplicar o texto aos seus próprios dias, ao invés do contexto histórico. Daí o autor expressar a relevância da aplicação contemporânea, sem desconsiderar o contexto. A comunidade de Qumran observava ritos de natureza purificadora. O autor instrui seus leitores a avançar além destes conceitos elementares.

> Portanto, deixemos os ensinos elementares a respeito de Cristo e avancemos para a maturidade, sem lançar novamente o fundamento do arrependimento de atos que conduzem à morte, da fé em Deus, [2] da instrução a respeito de batismos, da imposição de mãos, da ressurreição dos mortos e do juízo eterno (Hebreus 6.1.2).

Mesmo assim a ideia da purificação está presente, mas aplicada de modo espiritual: "*Cheguemo-nos com verdadeiro coração, em inteira certeza de fé, tendo os corações purificados da má consciência, e o corpo lavado com água limpa*", (Hebreus 10.22). Tais discussões e razões estão no fato de que esta comunidade uma vez que cessou o ritual de sacrifício, agora buscavam nos ritos de purificação a expressão maior da aplicação veterotestamentária. Então, o autor vem mostrar um sacrifício melhor (que é o de Cristo). Resumindo, apesar do contato direto ser questionável, existe alguma justificativa para a opinião de que a literatura e as práticas rituais de Qumran tenham influenciado a carta (GUTHRIE, 2006).

4.3. Contexto com Fílon de Alexandria

A ideia de que o pensamento helenista está nesta carta, é algo que vem sendo sustentado por muito tempo por intérpretes desta epístola. Donald (2006), diz que o exegeta Fílon ganhou má fama por suas alegorias que buscavam como tentativa tornar o texto do AT relevante aos seus contemporâneos[21]. Queria fazer com que os conceitos filosóficos da época encaixassem nas fontes judaicas, prestando pouco atenção no contexto histórico.

Apesar do escritor aos Hebreus também se valer de alegorias, seu uso era diferente, pois tratava o contexto histórico com seriedade. Muitas são as frases e significantes que aparecem tanto nos escritos de Fílon quanto na Epístola aos Hebreus, isso é apresentado por meio da abundante menção de antíteses[22] percebidas no contraste entre o

21 Para uma compreensão mais aprofundada da vida e argumentos de Fílon, indicamos os seguintes textos: 1. A interpretação alegórica do Antigo Testamento de Fílon Alexandria (ADRIANO FILHO, 2009), 2. Tradição e transformação: A Torah como fundamento do mundo em Fílon de Alexandria (MORAES, 2003), 3. O próprio e o comum: rastros da interculturalidade na escrita de Fílon de Alexandria (RIOS, 2013).

22 **Antítese**: Este vocábulo procede da palavra latina ***antithesis,*** que por sua vez vem do grego, que significa colocar uma cousa contra a outra. A enciclopédia Brasileira Mérito nos dá a seguinte definição: "inclusão, na mesma frase, de duas palavras, ou dois pensamentos, que fazem contraste um com o outro." Trata-se de uma figura de retórica muito eficaz que se encontra em muitas partes das Escrituras. O mau e o falso servem de contraste ou fundo que dá realce ao bom e o verdadeiro (LUND; NELSON, 1968).

terrestre e o celestial (9.23-24), ou a relevância de nomes (7.2), ou ainda o contraste entre o criado e o não-criado (9.11), e o contraste entre o passageiro e o permanente (7.3,24)

Enfim, grande parte da epístola é sem dúvida ocupada com o conceito de que o cerimonial é apenas a sombra da realidade superior que é Cristo; Esse, uma ordem melhor e perfeita. A abordagem do autor é mais bíblica do que a de Fílon, pois trabalha com uma chave hermenêutica diferente. Contudo, não podemos negar que o autor tenha uma formação helenística, mas negamos que suas conclusões foram pela teoria platônica, mas pela convicção cristã de que Jesus era e é a chave hermenêutica para o entendimento do AT.

4.4. Paulo na carta aos hebreus

O autor teria algum contato com o pensamento Paulino? Sua abordagem pode ser considerada um desenvolvimento da posição de Paulo? Apesar dos argumentos contrários sobre a autoria de Paulo da carta aos Hebreus, não podemos negar o quanto ela está recheada da teologia paulina. Na tabela abaixo sintetizamos algumas ligações:

Tema geral	Aprofundamento	Textos semelhantes	
	A pré-existência de Cristo e seu papel na criação	Cl 1.15-16	Hb 1
	Para Paulo Cristo ilumina fiel Em Hebreus o fiel reflete a glória de Deus	II Cor 4.4	Hb 1.3
Cristologia	A humilhação de Cristo	Fl 2.7	Hb 2.14-17
	Humilhação e obediência de Cristo	Rm 5.19 Filipenses 2.8	Hb 5.8
	Paulo não retrata Cristo como sumo sacerdote, mas Sua obra na figura de sacrifício	I Cor 5.7 Ef 5.2	Hb 9.28
A superioridade a nova aliança	A superioridade da nova aliança diante da antiga	II Cor 3.9ss	Hb 8.6ss

Heróis da fé	Hebreus dá primazia a Abraão quanto aos descendentes, com referência à promessa e no seu relacionamento com Melquisedeque. Autoestima assim a Abraão se vê nas Epístolas de Paulo	Rm 4.1ss Rm 9.7 Rm 11.1 II Cor 11.22 Gál 3.6ss; 4.22	Hb 2.16 Hb 6.13 Hb 7.1-10
itações iguais do AT	Salmo 8	I Cor 15.27	Hb 2.6-9
	Deuteronômio 32.35	Rm 12.19	Hb 10.30
	Habacuque	Rm 1.17 Gl 3.11	Hb 10.38

Paulo e o escritor aos hebreus chegaram ao mesmo modo de entender a Cristologia. Hebreus não procura, assim como Paulo, explicar paradoxos, mas focam o lado divino e humano da natureza de Cristo. Concluímos dizendo que a carta aos Hebreus embora não escrita por Paulo, possui os mesmos moldes teológicos. O que corrobora com a tese de que um discípulo de Paulo, ou alguém muito próximo a ele tenha escrito.

4.5. Outros paralelos do Novo Testamento com Hebreus

Abordagem	Assunto	Textos semelhantes		Peso
Literatura Joanin	Cristo como intercessor em prol do seu povo	Jo 17	Hb 7.25	Argumenta-se que Hebreus tem ligações com as várias correntes da tradição cristã primitiva. Esta ideia também aparece em I I João 2.1-2
Discurso de Estevão	Existe uma ligação no discurso feito por Estevão na ocasião de sua morte.	Atos 7	Hb (todo)	Acredita-se que por isto Lucas escreve ambas as cartas

Abraão e o Templo	Ambas cartas apresentam a chamada de Abraão e os dois atribuem importância a um templo não feito por mãos humanas.	Atos 7.48	Hb 9.24	Concordância na abordagem à história veterotestamentária e na avaliação dela.

A teologia da carta

Ao analisarmos a carta, não teremos dificuldades em localizar os principais assuntos. Entretanto, não teremos a mesma facilidade para verificarmos como tais encaixam entre si, levando em consideração que mesmo diante dos vários temas e dos empasses de ligação entre eles, o autor teve o cuidado de não os misturar, até pela sequência literária da carta.

Neste capítulo dedicaremos espaço para uma análise sobre os principais assuntos teológicos de Hebreus.

5.1. Principais assuntos

Olhando as abordagens dedicadas aos temas, poderemos entender que a ideia chave do texto são: filho, o sumo-sacerdócio, o sistema sacrificial e a nova aliança (GUTHRIE, 2006). O autor inicia a carta apresentando a qualidade efetiva do Evangelho (Hebreus 1.1-3). Ou seja, tudo o que conheciam, agora era substituído pela revelação do Filho. É preciso também observar que pelo fato de o escritor fazer de forma introdutória tal abordagem, seus leitores, provavelmente, não tinham essa clareza, quanto a substituição necessária. Porém, é somente no capítulo 2 e versículo 9 que ele deixa claro de quem está falando: "*Vemos, todavia, aquele que por um pouco foi feito menor do que os anjos, Jesus, coroado de honra e glória por ter sofrido a morte, para que, pela graça de Deus, em favor de todos, experimentasse a morte*".

Com esta apresentação e com o decorrer da epístola, percebemos que apesar das devidas explicações sobre a nova aliança e do melhor em Jesus, parece que o autor faz questão de deixar claro que sua argumentação seria racional e bem pautada, e não simplesmente a ideia de cativar ou prender a atenção de seus leitores pela curiosidade em saber de quem falava tudo aquilo. Ele apresenta Jesus como Filho, a chave principal da carta. É através d'Ele que toda orientação do passado ganha sentido.

5.2. Jesus, o filho de Deus

Inegavelmente o caráter de Cristo e seu poder é exaltado na carta. É nítido já nos versículos iniciais que o escritor não somente o apresenta, mas faz declarações extraordinárias acerca d'Ele: O pré-existente, o humano, o filho exaltado.

5.2.1. A pré-existência do filho eterno

Roy (1994) nos diz que Jesus sendo mostrado como o filho eterno e pré-existente, sem dúvidas, esse é o fundamento preponderante e a base para as demais declarações extraordinárias (humanidade e exaltação). Cristo, Aquele que desde o passado já compartilha a plena natureza e atividade divinas de Deus. Abrangendo a temática desse caráter do filho, Donald (2006) complementa.

· Ele é o agente através de tudo criado

· Ele existia antes da criação material

· Antecedia os períodos sucessivos da história do mundo (eras)

· Ele continua a sustentar pelo Seu poder: *O Filho é o resplendor da glória de Deus e a expressão exata do seu ser, sustentando todas as coisas por sua palavra poderosa* (Hebreus 1:3)

· Foi levado a adotar uma posição inferior que não ocupava por natureza. *Vemos, todavia, aquele que por um pouco foi feito menor do que os anjos, Jesus, coroado de honra e glória por ter sofrido a morte, para que, pela graça de Deus, em favor de todos, experimentasse a morte* (Hebreus 2:9)

· Melquisedeque é feito semelhante ao Filho de Deus e não vice-versa. *Sem pai, sem mãe, sem genealogia, sem princípio de dias nem fim de vida, feito semelhante ao Filho de Deus, ele permanece sacerdote para sempre.* (Hebreus 7:3). Aqui mostra que Cristo é anterior a Melquisedeque.

· Afirmar em toda epístola a posição de igualdade do filho com relação ao pai é apresentar com isso a razão básica que sustentará Cristo como sumo-sacerdote. *Mas a respeito do Filho, diz: "O teu trono, ó Deus, subsiste para todo o sempre; cetro de equidade é o cetro do teu Reino* (Hebreus 1:8)

5.2.2. A humanidade do filho

Esse outro tema da Epístola é oriundo da necessidade de encarnação. Cristo torna-se a revelação plena de Deus no filho encarnado, uma vez que o sumo-sacerdote perfeito, que era divino, não poderia representar a humanidade, pois um verdadeiro representante precisava ser homem: "*Por essa razão era necessário que ele se tornasse semelhante a seus irmãos em todos os aspectos, para se tornar sumo sacerdote misericordioso e fiel com relação a Deus e fazer propiciação pelos pecados do povo*" Hebreus 2.17. A pré-existência, a natureza divina e também a humanidade de Cristo são suposições básicas do escritor.

O mundo havia sido preparado, era histórico todo o enredo. Cristo não chegaria num vácuo da história, mas sua chegada cumpria diversas profecias que anunciavam na linearidade do tempo um salvador encarnado. Quatro séculos antes do nascimento de Jesus, o mundo havia sido marcado pela influência grega. A forma de pensar helenística dominou os povos, o que facilitaria mais tarde a propagação do evangelho; isso porque a filosofia implantou no homem, questionamentos, dúvidas sistematizadas, questões que careciam de explicações profundas e elaboradas. Esse substrato foi usado por Jesus e seus discípulos, que trouxeram as respostas para os anseios da humanidade, sem falar que o grego era a língua internacional.

Em 63 a.C. os Romanos dominaram parte do mundo e os judeus. O mundo da época era subordinado aos romanos, suas leis e impostos. O império Romano implantou a unificação dos povos, a Pax romana e vastas estradas; todo esse enredo facilitaria a pregação da fé cristã. A lei romana era aplicada não importando o local, e essa unidade política facilitou a interpretação cristã de obediência ao único senhor Jesus Cristo, não importando o lugar. Nesse tempo já não existia guerras, como anteriormente, além de ótimas estradas que favoreceriam o intercâmbio entre povos e as caminhadas dos apóstolos.

A história dos judeus também contribuiria para a chegada do Jesus homem; dela veio o monoteísmo, a esperança messiânica, o AT, e a sinagoga (SUANA, 2006).

O escritor faz questão de pontuar aos seus leitores a importância de Cristo na terra. Sua humanidade atestá-lo-ia como o sacrifício perfeito, realizado de uma vez por todas. Cristo como substituição da antiga aliança e como sacerdócio perfeito precisaria compartilhar da mesma natureza que o homem (2.10), a fim de derrotar a morte (2.14). O credenciamento de Cristo para o ofício de sacerdote seria ser um de seus irmãos (2.17).

Na carta, diversas alusões são feitas à vida humana do filho, Jesus

(2.9; 3.1; 6.20; 7.22; 10.19; 12.2, 24; 13.12,20), além de fazer referências claras da vida de Jesus na terra (GUTHRIE, 2006):

- Getsêmani/Nos dias de sua carne (5.7ss)
- Ministério de Jesus (2.3)
- Hostilidade contra ele (12.3)
- Evento da cruz (12.2)
- Ressureição (13.20)
- Ascensão (1.3)
- Exerceu a fé em Deus (2.13 / Isaías 8.17-18)
- Homem de oração (5.7)
- Demonstrava temor (5.7)
- Impecabilidade de Jesus (4.15; 7.26)
- Substituto (9.26)
- Sua perfeição através do sofrimento/Completar de um processo (2.10)
- Aprendeu a obediência/a experiência de Jesus homem demonstrou que o Filho era obediente (5.8-9)

5.2.3. Exaltação de Jesus

O autor, com a intenção de aproximar o homem a Deus, deixa claro que apesar das humilhações que Cristo tenha sofrido, sua posição é elevada e sua glorificação é evidente. Cristo é apresentado como herdeiro de tudo (1.2); superior aos anjos (1.5; 2.9); maior do que os grandes nomes do AT, Moisés e Josué (3.1-6); superior a Arão, pois pertencia a uma outra ordem (5.10); inaugurador de um novo acordo. Esse novo acordo, ou nova aliança, configura-se a beleza da teologia de Hebreus. Do contrário não faria sentido.

Seja a antiga aliança ou a nova, ambas eram provisões divina, sendo que a nova aliança era superior e melhor. Porém, o fato da nova ser melhor, não significa que é devido o acordo de Deus para com o povo, mas pelo fato de que a nova aliança tem um mediador melhor (GUTHRIE, 2006). Era preciso crer nesse novo acordo, crer na cruz, crer no amor de Jesus, era preciso ter alegria e fé. Não deveriam voltar ao jugo da lei, não poderiam ter a lei como parapeito da existência. Se assim o fizessem estariam crucificando Cristo novamente, estariam trazendo à tona aquilo que Jesus havia extirpado na cruz. Deveriam entender que sair da graça é abraçar o legalismo, o moralismo, os cerimonialismos. É barganhar.

> 9Então acrescentou: "Aqui estou; vim para fazer a tua vontade". Ele cancela o primeiro para estabelecer o

> segundo. [10]Pelo cumprimento dessa vontade fomos santificados, por meio do sacrifício do corpo de Jesus Cristo, oferecido uma vez por todas. [11]Dia após dia, todo sacerdote apresenta-se e exerce os seus deveres religiosos; repetidamente oferece os mesmos sacrifícios, que nunca podem remover os pecados. [12]Mas quando este sacerdote acabou de oferecer, para sempre, um único sacrifício pelos pecados, assentou-se à direita de Deus (Hebreus 10.9-12).

5.3. Sacerdote segundo a ordem de Melquisedeque

> [6]E diz noutro lugar: "Tu és sacerdote para sempre, segundo a ordem de Melquisedeque". [7]Durante os seus dias de vida na terra, Jesus ofereceu orações e súplicas, em alta voz e com lágrimas, àquele que o podia salvar da morte, sendo ouvido por causa da sua reverente submissão. [8]Embora sendo Filho, ele aprendeu a obedecer por meio daquilo que sofreu; [9]e, uma vez aperfeiçoado, tornou-se a fonte de eterna salvação para todos os que lhe obedecem, [10]sendo designado por Deus sumo sacerdote, segundo a ordem de Melquisedeque (Hebreus 5.6-10).

Sem sombra de dúvidas, a proposta ou a apresentação de Cristo como sumo sacerdote segundo a ordem de Melquisedeque (5.6-10; 7.1 a 8.6) tem gerado ao longo da história da igreja perplexidade por parte daqueles que temem de alguma forma abalos institucionais, pela exegese do texto. Muitas interpretações precisaram passar pelo crivo dos mestres ortodoxos, o que evidencia o poder institucional que diversos doutores e bispos da igreja tiveram sobre as instituições. O que não compreendem é que o texto não se trata de uma tese que pode ou não ser aplicada para noiva de Cristo, mas de uma verdade incontestável na dinâmica da fé.

Conforme Hebreus 7.1-4, o rei de Salém surge de repente, sem explicações acerca de sua vida e seus antecedentes. No encontro que ocorreu com o considerado pai da fé, Abraão se curva diante da importância de Melquisedeque e lhe paga o dízimo de tudo o que possuía. Além disso, nas mesmas condições de chegada acontece também sua partida, voltando mais tarde no livro de Salmos: "*O Senhor jurou e não se arrependerá: "Tu és sacerdote para sempre, segundo a ordem de Melquisedeque"* (Salmos 110.4).

É na carta aos Hebreus que Melquisedeque é apresentado, como em nenhum momento anterior havia sido feito, um tipo de Cristo. O autor apresenta Jesus como o sumo sacerdote segundo a ordem de Melquisedeque e não segundo a ordem já conhecida entre os judeus. E não somente isso, além de Jesus não ser da ordem étnica araônica, o sacerdócio de Cristo não era judaico, e era superior, uma vez que Abraão (a grande referência do judaísmo) havia reconhecido a importância de Melquisedeque, se curvando a ele. Historicamente Jesus não tinha ligação com o sacerdócio da ordem levítica, pois era da tribo de Judá (7.14). Os sacerdotes da ordem levítica eram os mediadores, ou representantes dos homens no culto a Deus.

Jesus em hebreus é mostrado como um representante melhor, como um sumo sacerdote não preso a espaços geográficos, sem começo ou fim de dias; como sacerdócio que até mesmo o grande Abraão se curvara, e que faz uma mediação melhor do povo a Deus. A preocupação do escritor aos hebreus não é explicar Melquisedeque como quem coloca um objeto num microscópio para estudar, mas é de afirmar seus feitos e importância, como fez com Jesus. Cristo não é explicado, pois não tem limites, não tem princípio ou fim; não foi feito Cristo, mas é eterno, estando inclusive acima da história. Ele não se submete a ordens ou regras institucionais.

É salutar pensar que apesar da importância que os Judeus rabínicos davam para a história, somente o Jesus histórico não poderia fazer surgir o cordeiro que morreu antes da fundação do mundo, nem tão pouco a ordem de Melquisedeque. Era preciso um Jesus pré-existente, que nEle estivessem todas as coisas. Jesus é o cordeiro de Deus, o pão da vida, a luz da humanidade, Ele é a porta, a verdade, o caminho e a vida. Por essas implicações, Jesus causa espanto para qualquer modelo engessado que reivindica para si o poder de salvação por meio de "sacrifícios" humanos e cerimônias sacramentais. Para esses, o sacerdócio de Melquisedeque é insuportável, pois os controladores da fé almejam enquadrar a graça.

Foi por meio dessa escancarada graça da ordem de Melquisedeque em Cristo, insuportável para muitos, que Jesus disse que muitos virão do Oriente e do Ocidente, e se sentarão à mesa com Abraão, Isaque e Jacó no Reino dos céus. Completa dizendo que os que seriam os verdadeiros filhos ou súditos do Reino serão lançados fora, nas trevas, onde haverá choro e ranger de dentes, pois ousaram ser supostamente mais zelosos e justos do que o próprio Deus (Mateus 8.11,12). É por meio da teologia imbuída em Melquisedeque que o Evangelho afirma que a maior fé encontrada por Jesus não veio dos seus, ou de Israel, mas do centurião Romano (Mateus 8.10), alguém não considerado alvo da graça pelos judeus.

Para tanto não basta aceitarmos o fato de que Jesus é o sumo sacerdote segundo a ordem de Melquisedeque, mas de fato encarnarmos as implicações dessa afirmação, e ter fé e coragem para viver com as consequências, crendo na orientação do escritor quando diz: "*de modo que vocês não se tornem negligentes, mas imitem aqueles que, por meio da fé e da paciência, recebem a herança prometida*" (Hebreus 6.12). Encerra dizendo: "*Jesus Cristo é o mesmo, ontem, hoje e para sempre. Não se deixem levar pelos diversos ensinos estranhos. É bom que o nosso coração seja fortalecido pela graça, e não por alimentos cerimoniais, os quais não têm valor para aqueles que os comem*" (Hebreus 13.8,9).

A CARTA DE TIAGO

Essa é uma carta diferente. Isso porque se diferencia dos demais escritos Neotestamentários devido a sua praticidade. O escritor não se preocupou em escrever sobre suas particularidades ou sua vida pessoal, ou procurou fazer qualquer tipo de legitimação do seu ministério; simplesmente se qualificou com Tiago, servo de Deus e do Senhor Jesus Cristo. O autor tem o cuidado de dividir a carta em argumentos gerais, a saber três: a verdadeira alegria, a verdadeira religião, e a verdadeira sabedoria.

Nessa unidade sinalizaremos a obra de Tiago e seu comportamento na igreja no capítulo um; no capítulo dois trabalharemos a autoria, data e local; no capítulo três abordaremos os objetivos e o conteúdo; no quarto a teologia; além de mencionarmos os necessários resgates em nossos dias da riqueza prática dessa epístola no quinto capítulo.

CAPÍTULO 1

Obra de Tiago e a igreja

A epístola de Tiago diferencia-se das demais por diversas razões. Dentre elas, o fato de que essa carta não discorre teorias ou doutrinas como as demais, sua função é ser essencialmente ética/moral, desafiando os destinatários a uma vida piedosa e sábia, baseada nos ensinos de Jesus. A carta, além da marca instrutiva, possui um manuseio da língua grega de excelente qualidade, um tom exortativo parecido com provérbios e Eclesiastes, e não contém uma conclusão. Como livro prático no NT, Tiago escreve a judeus cristãos que estavam separando a fé das obras. Viviam a fé, mas eram impacientes na tribulação, existia discórdia entre eles, mundanismo, eram caluniosos, evidenciando a falta da vida cristã na prática. O autor dedica tempo na explicação de que a fé precisa produzir santidade de vida, do contrário é morta, e uma simples associação de uma doutrina que não passa do intelecto. Era importante que os leitores se atentassem para a importância de uma fé viva, baseada na simplicidade prática do sermão da montanha, que exigia ações verdadeiras de vida cristã.

Neste capítulo abordaremos assuntos acerca da canonicidade da carta, as evidências externas e internas, o contexto da escrita e o destino.

1.1. Introdução de Tiago

Tiago, o autor, não menciona sua vida pessoal, assim como não teve a preocupação de tecer comentários legitimadores sobre seu ministério, classificando-se simplesmente como Tiago, servo de Deus e do Senhor Jesus Cristo. Por essa razão o reconhecimento canônico da carta precisou acontecer de maneira diferente, uma vez que o autor não fala sobre si ou tem uma doutrina específica que possa ser percebida no texto.

1.2. Canonicidade

Chegando nesse ponto da nossa escrita e entendimento, já sabemos que os livros ou cartas que foram aceitos como canônicos, deveriam passar por diversos critérios, como: autoridade, autoridade profética, confiabilidade, dinamismo, e aceitação ou citação da igreja. Com a carta de Tiago isso não seria diferente. Apesar de eventualmente alguns duvidarem da carta, normas e regras foram expostas para que essa epístola pudesse entrar no cânon sagrado.

Basta uma simples leitura para percebermos o quanto ela é preenchida pela autoridade divina nas linhas textuais, como também na autoridade profética de Tiago. Esse, apesar de não carregar o título de apóstolo, pesava sobre seus ombros a responsabilidade de um; foi próximo de Cristo, além de pastor da igreja mãe em Jerusalém. Sobre a confiabilidade do texto, pode-se perceber a consonância com os demais escritos do NT como do AT.

Em se tratando da aceitação da carta, esse princípio não foge à regra. As credenciais de Tiago trouxeram visibilidade à epístola, que passou a ser aceita na igreja, além do testemunho dos pais da Igreja.

1.2.1. Circulação da carta nos primeiros séculos

A carta de Tiago segue na classificação como uma das cartas gerais ou universais, isso porque diferentemente das cartas de Paulo, não fora endereçada especificamente a uma igreja, mas para cristãos de maneira geral. Sua ortodoxia possui consonância do padrão doutrinário (moral, espiritual, social e ético) ensinado por Jesus e apóstolos. De forma equilibrada, o autor tece comentários do AT falando sobre as boas novas de Cristo e assemelhando-se aos ensinos de Jesus no Monte das Oliveiras (Mt 5-7).

De acordo com Douglas Moo (1990), a carta de Tiago, somada à epístola aos Hebreus e Apocalipse, foram as derradeiras a receberem o título de canônicas. Tiago, somente no final do quarto século foi reconhecida como parte das Escrituras. Moo ainda diz que a primeira menção nominal à epístola de Tiago no oriente aparece no início do terceiro século; contudo, tal carta já era citada, porém sem os devidos créditos. Estudiosos afirmam que alusões a Tiago constam na maioria das cartas do Novo Testamento, assim como em muitos outros textos cristãos não-canônicos. É possível que o texto cristão não canônico "o Pastor de Hermas"[23] (metade do segundo século) tenha usado Tiago.

> Entre os primeiros textos cristãos não-canônicos, o Pastor de Hermas é o que mais apresenta paralelos com Tiago. Na parte daquele livro chamada "mandatos", encontram-se vários temas, característicos de Tiago; o estímulo à oração com fé e sem atitude de dúvida, no Mandato 9, tem uma redação e uma ênfase bem aproximadas de Tiago 1.6-8. É provável que esta parte de Hermas tenha recebido influência de Tiago (MOO, 1990, p.15).

Textos semelhantes entre Pastor de Hermas e Tiago:

cap. 39.	go 1:6-7
Ele continuou: "Remove de ti a dúvida e por nada no mundo hesites em pedir alguma coisa a Deus, dizendo a ti mesmo: Como poderia eu pedir alguma coisa ao Senhor e obtê-la, tendo cometido tão grandes pecados contra ele? Não penses assim.	Peça-a, porém, com fé, em nada duvidando; porque o que dúvida é semelhante à onda do mar, que é levada pelo vento, e lançada de uma para outra parte. Não pense tal homem que receberá do Senhor alguma coisa

Outra possibilidade seria de que a carta I Clemente[24] (95 d.C.) e a Epístola de Barnabé[25] (entre 70 e 132 d.C.) tenham bebido na fonte de

---

23 **Pastor de Hermas:** Obra literária cristã do século II d.C., entre 142 e 155. Um dos escritos mais considerados da antiguidade cristã; por muito tempo foi tida como inspirada. As frequentes referências que se encontram dela em várias obras do período patrístico, demonstram a alta estima em que era tida. A obra era muito usada no cristianismo primitivo para instruir aqueles que acabaram de entrar na igreja. Após larga difusão no oriente e nas igrejas gregas, o Pastor foi, definitivamente, colocado entre os apócrifos após o Concílio Ecumênico de Hipona em 393, onde a Igreja definiu o catálogo bíblico.

24 **I Clemente**, é uma carta endereçada aos cristãos da cidade de Corinto. A carta foi datada como sendo do final do século I ou começo do século II d.C. e, juntamente com o Didaquê e o Evangelho de Tomé, é um dos mais antigos - se não o mais antigo - documento cristão sobrevivente fora dos Evangelhos canônicos. Como o próprio nome indica, existe também uma Segunda Epístola de Clemente, hoje considerada como espúria e posterior.

25 **Epistola de Barnabé:** Epístola grega (entre 70-132), preservada inteiramente no Codex Sinaiticus, onde ela aparece no final do Novo Testamento. Foi Clemente de Alexandria quem deu origem à tradição de que o autor fora Barnabé, aquele mencionado em Atos dos Apóstolos; embora alguns atribuam a outro de mesmo nome, "Barnabé de Alexandria", ou mesmo a um professor cristão anônimo, haja vista a carta não conter o nome do autor, data ou local de composição.

Tiago. Além disso, alguns creem que Clemente fizera um comentário de Tiago, porém nunca foi encontrado. Orígenes, seu sucessor, se referiu nominalmente à carta de Tiago, citando-a como Escritura. Uma tradução latina das obras de Orígenes (feita por Rufino) vai além, cita Tiago como sendo aquele irmão de Jesus, contudo, tal obra tem gerado desconfianças.

Outros textos do terceiro século mencionam Tiago como escritura e consequentemente canônico. Dentre esses temos: Eusébio[26] (339 d.C.), Crisóstomo[27] e Teodoretto[28].

Quando voltamos nosso olhar para o ocidente veremos situação parecida, porém com aplicações mais tardias. O Cânon Muratoriano[29] (já mencionado anteriormente) não menciona Tiago, talvez de forma acidental, haja vista ser fragmento.

A mais antiga e clara referência a Tiago no ocidente é na metade do quarto século. Hilário de Poitiers[30] (356-358) citou Tiago a uma tradução latina (Vulgata) e nas suas obras. Em seguida temos Jerônimo[31] que mencionou Tiago sendo irmão do Senhor citando Gálatas 1.19. Agostinho[32] acrescentou força quanto a autoridade da Epístola, não levantando dúvida na igreja do ocidente até o período da Reforma. É importante frisar que mesmo diante dos impasses a epístola não era rejeitada, mas negligenciada. Pontuamos algumas razões:

· Incerteza sobre a origem apostólica do livro (o autor só fala no seu nome e Tiago era um nome comum na época).

· Carta possui características tradicionais. Contém pouco combustível para os ardentes debates teológicos na igreja primitiva.

· Carta com fortes orientações judaicas (provavelmente para igrejas judaicas da Palestina ou da Síria. (a igreja sai da palestina com destino

26 **Eusébio de Cesareia:** (265-339) Nasceu e foi bispo de Cesareia da Palestina. Tido como pai da história da Igreja, torna-se um dos principais personagens de seu tempo, sendo reconhecido como historiador da Igreja. Famoso por suas lutas contra o arianismo no século IV e por ser amigo e biógrafo do Imperador Constantino.

27 **João Crisóstomo:** (347—407) Um dos grandes nomes do cristianismo primitivo, arcebispo de Constantinopla. Teólogo e escritor cristão, do fim do século IV e início do V. Produziu uma crise na Igreja em 404 quando na ocasião foi deposto; isso em razão de sua fervorosa pregação contra a avareza, luxuria e imoralidade do clero. Exigia pureza e simplicidade. Por sua afinada e potente retórica, ficou conhecido como "boca de ouro".

28 **Teodoretto de Cirro:** (de 423 a 466) autor, e teólogo do mundo antigo, bispo de Cirro, na Síria. Como exegeta, escreveu acerca dos debates de sua época. Dentre os debates tem-se a questão nestoriana.

29 Ver Nota 3

30 **Hilário de Poitiers:** Nascido em 315, foi considerado um dos doutores da Igreja, foi bispo na cidade romana de Pictavium. Ficou conhecido como "Martelo dos Arianos".

31 Ver nota 8

32 **Aurélio Agostinho:** Aurélio Agostinho de Hipona, conhecido como Santo Agostinho (354—430). Teólogo, escritor, filósofo, padre e doutor da Igreja Católica.

a Síria em 66-70 e 132-135d.C.)

Caminhando em direção à reforma, foi nesse tempo que outra vez se expressou dúvidas sobre Tiago. Erasmo,[33] observando a qualidade da língua escrita na carta acabou questionando a opinião tradicional da autoria do irmão de Jesus. Martinho Lutero também fez suas observações. Sua análise ia além da autoridade apostólica. Via tensão entre Tiago e os principais livros do NT (principalmente os de Paulo) acerca da justificação pela fé. Dizia "*desfigura as Escrituras e, assim, opõe-se à Paulo e a todo texto sagrado*" (MOO, 2006, p.18) . Também chamou a carta de Epístola de Palha. Porém colocou a carta ao final de sua tradução para o alemão. Também fez várias citações de Tiago. Nunca negou, só a contrastava. "*Não posso incluí-la entre os livros principais, embora não impediria que alguém a incluísse ou exaltasse como bem quisesse, pois nela se encontraram muitos dizeres importantes*" (MOO, 1990, p.18) .

Outro reformador que mencionaria a carta de Tiago, seria Calvino. Ele entendia que Tiago era moderado na proclamação da graça de Cristo, o que não era habitual a um apóstolo, mas que não se pode exigir os mesmos argumentos de todos. Aceitava a autoridade de Tiago e defendia a harmonia entre Tiago e Paulo, sobre a justificação.

Obviamente, qualquer ponderação feita, seja pelos pais da igreja, por reformadores, ou qualquer outra figura importante no processo de aceitação da epístola, precisa ser analisada pelo prisma do contexto em que afirmaram suas convicções. Lutero, por exemplo, dada sua experiência pessoal de conversão e de entendimento do que realmente seria a graça e a justificação pela fé, obviamente sentiu-se impedido de ter um olhar mais equilibrado do texto de Tiago. Outro dado importante é que será preciso uma maior atenção e conhecimento do pano de fundo judaico em Tiago e Paulo para entendermos como os textos se complementam e não se contradizem. Os desavisados olharão os textos e poderão, equivocadamente, concluírem que Paulo fala de fé e Tiago contraria essa lógica falando de obras. Eles não eram opositores, mas trabalhavam argumentos diferentes pelo contexto e público distinto. O público de Paulo era legalista que buscavam salvação pelas obras, o de Tiago era aristocratas que buscavam a salvação pela fé, vivendo a mera ortodoxia de crença sem qualquer demonstração prática. Os autores só responderam à altura (MOO, 1990).

33 **Erasmo de Roterdã** (1466-1536) foi um humanista e filósofo holandês famoso pelo seu amplo conhecimento dos mais diversos assuntos ligados ao conhecimento humano, além de um dos maiores críticos do dogma católico romano e da imoralidade do clero.

1.3. Contexto da carta

Como em qualquer estudo, a observação do contexto torna-se necessária, quando o objetivo é clareza e um caminhar seguro nas trilhas daquilo que se propõe. Alguns detalhes do contexto da escrita dessa carta são norteadores e esclarecedores.

É preciso considerar que na cidade da escrita existiam muitas disputas religiosas entre fariseus e saduceus, o que ocasionou uma perseguição religiosa contra os da fé cristã. A economia era instável, tinham poucos recursos, levando muitos cristãos a cogitarem concessões com a fé, na tentativa de escaparem das perseguições, melhorando suas vidas econômicas. Nesse tempo, os romanos controlavam a Judéia. Um turbilhão político acontecia naquele ambiente e momento. Os cristãos eram reféns do domínio estrangeiro e ainda deveriam dar testemunho sem abrir a boca; era um ambiente perigoso. Herodes, o grande, era o rei dos judeus e morava em Jerusalém; esse, diferentemente dos demais governadores, que governavam com grandes intimidações, tentou agradar a liderança religiosa judaica, inclusive reconstruindo o templo. Outro dado importante era que Jesus havia sido crucificado por pressão política e os judeus ansiavam por uma liberdade, provocando diversas revoltas. O resultado foi a destruição de Jerusalém no ano 70 d.C., uma vez que os romanos viam a palestina como um problema (COMFORT, 2009).

1.4. Destinatários

Sobre o destino da carta, logo na saudação, Tiago diz: "*Tiago, servo de Deus e do Senhor Jesus Cristo, às doze tribos dispersas entre as nações: Saudações*" Tiago 1:1. Pela afirmação do texto vemos que estamos diante de cristãos judeus, daí a razão de "às doze tribos". Vale a explicação de que a referência das doze tribos não é literal, uma vez que o elemento físico, tal qual era visto no AT, não procede. Ademais precisamos considerar a palavra "dispersos". Se ponderarmos no sentido literal, temos a ideia daqueles que estavam fora da Palestina; se considerarmos no sentido figurado, estamos falando de cristãos vivendo nessa terra, longe da verdadeira Pátria celestial (I Pe 1.1). Em todo caso, Atos 11.19 poderia elucidar essa questão: "*Os que tinham sido dispersos por causa da perseguição desencadeada com a morte de Estêvão chegaram até à Fenícia, Chipre e Antioquia, anunciando a mensagem apenas aos judeus*". Portanto, a mensagem de Tiago poderia ser para esses dispersos judeus.

Sendo Jesus filho de judeus e sendo crucificado em Jerusalém, é natural que Jerusalém fosse o berço da igreja. Foi lá que os primeiros cristãos foram cheios do Espírito Santo dando um crescimento exponencial ao cristianismo primitivo. Foi lá que Jesus deu a ordem de se espalharem pela terra (At 1.8). Era preciso o avanço da igreja e o espalhamento dos salvos. Isso aconteceu de maneira intensa com a perseguição da igreja (At 8.1). Com o aumento de cristãos por toda Ásia menor era preciso o envio de cuidadores espirituais a esses ambientes (At 8.14; 11.19-22). No dia de Pentecostes é sabido que judeus já estavam espalhados por muitas terras estrangeiras (At 2.9-11). O texto diz que partos, medos, elamitas, homens da Mesopotâmia, da Judéia, da Capadócia, do Ponto e Ásia, da Frígia, da Panfília, do Egito, das regiões da Líbia ao redor de Cirene, visitantes de Roma, tanto judeus como convertidos ao Judaísmo, cretenses e árabes, foram para Jerusalém. Lá se depararam com o grande acontecimento de Pentecostes, além de ouvirem o famoso sermão de Pedro, aceitando a Cristo (At 2.14-41).

Os cristãos que haviam recebido a Cristo no dia de pentecostes voltaram para suas casas e lá iniciaram trabalhos efetivos da fé cristã. Foram a esses que Tiago escreveu, um rebanho disperso, distantes de Jerusalém. Além disso, Tiago sabia o que estavam enfrentando. Viviam distantes dos apóstolos, dos presbíteros, eram jovens na fé; seria preciso ampará-los, acalentá-los, exortá-los, instruí-los. Os puxões de orelha não foram poucos.

De um lado temos os judeus pobres, injustiçados por ricos senhores de terras (5.4-6); eram levados aos tribunais por essas pessoas de posses (2.6), eram zombados (2.7), fazendo com que Tiago os orientassem a serem pacientes (5.7-11). Mas, ainda temos os que estavam se misturando como mundanismo. Pessoas, por exemplo, que davam preferências aos ricos. Essa bajulação aos de maior aquisição econômica abria espaço no seio da igreja para a entrada do mundanismo:

> Meus irmãos, como crentes em nosso glorioso Senhor Jesus Cristo, não façam diferença entre as pessoas, tratando-as com favoritismo. Suponham que na reunião de vocês entre um homem com anel de ouro e roupas finas, e também entre um homem pobre com roupas velhas e sujas. Se vocês derem atenção especial ao homem que está vestido com roupas finas e disserem: "Aqui está um lugar apropriado para o senhor", mas disserem ao pobre: "Você, fique de pé ali", ou: "Sente-se no chão, junto ao estrado onde ponho os meus pés", não estarão fazendo discriminação, fazendo

julgamentos com critérios errados? (Tiago 2.1-4)

Tiago ainda diria para não serem impacientes ao falarem com outros a respeito dos erros que cometiam, pois todos cometem erros (3.1-12; 4.11-12; 5.9). Tiago também disse para não criticarem ou falarem mal uns dos outros, pois assim estariam lutando contra a lei de Deus que ordenava que amassem uns aos outros. Orienta que eles não deveriam resolver se a lei de Deus estava certa ou errada, mas sim obedecê-la, pois, somente aquele que fizera a lei poderia julgar corretamente entre eles. Sobre isso, termina dizendo: *Que direito têm vocês de julgar ou criticar os outros?* (4.11-12).

O autor também exorta aos que se achavam sábios e faziam questão de serem reconhecidos como tal, orienta-os que a sabedoria é reflexo de boas ações e que o não alarde demonstraria o quão sábios eram (3.13). Continua falando sobre a sabedoria "terrena, animal e demoníaca" e como a inveja e ambição produzia divisões e discussões (3.13 -4.3); falou sobre arrogância (4.13-17), e que a inconstância à essência de Deus interrompe a eficácia da oração (1.5-8).

1.5. Esboço

1. Saudação (1.1)	
2. Provações e maturidade (1.2-18)	*A permissão para que as provações atinjam seu propósito (1.2 – 18)* *A sabedoria, a oração e a fé (1.5-8)* *A pobreza e a riqueza (1.9 – 11)* *As provações e as tentações (1.12-18)*
3. A fé Cristã e as obras (1.19-2.26)	*Uma exortação quanto ao falar e a ira (1.19-20)* *Tornai-vos, pois, praticantes da palavra (1.21-27)* *A imparcialidade e a lei do amor (2.1-13)* *A fé que salva (2.14-26)*

4. Dissensões na comunidade (3.1–4.12)	*Os efeitos nocivos da língua sem controle (3.1-12)* *A verdadeira sabedoria traz paz (3.13-18)* *Os prazeres malignos são a fonte de dissensões (4.1-3)* *Um chamado ao arrependimento (4.4-10)* *A maledicência é proibida (4.11-12)*
5. Implicações de uma cosmovisão cristã (4.13–5.11)	*A arrogância é condenada (4.13-17)* *Condenados aqueles que fazem mal uso da riqueza (5.1-6)* *Um estímulo à perseverança paciente (5.7-11)*
6. Exortações finais (5.12-20)	*1. Os juramentos (5.12)* *2. A oração e a cura (5.13-18)* *3. Uma chamada final à ação (5.19-20)*

Tabela adaptada de Douglas J. Moo (1990)

CAPÍTULO 2

Autoria, data e local

Sabemos que o autor declara palavras consoladoras, de animação, como também palavras de exortação à prática, admoestações e reprovações. Possui um estilo sentencioso, enérgico e um texto repleto de figuras de linguagens. Mas quem seria o autor da carta? Temos a identificação de um certo Tiago, contudo, ao menos quatro pessoas no Novo Testamento possuem esse nome. Neste capítulo serão mencionadas as possibilidades de autoria, a data, e o local mais provável para a escrita.

2.1. Autoria

Em Tiago 1.1 diz: "*Tiago, servo de Deus, e do Senhor Jesus Cristo, às doze tribos que andam dispersas, saúde*". Quem é este Tiago? Existem dados históricos, sociais, e da tradição que nos auxiliem no entendimento de quem foi esse autor? O NT menciona quatro "Tiago", vejamos essas possibilidades.

A. **Tiago, o filho de Zebedeu – (Mt 4.21)** Chama-se as vezes de Tiago, o maior. Seu pai era um homem de posses e com empregados (Mc 1.20), sua mãe chamava-se Salomé; foi um dos doze apóstolos, irmão de João; foi apelidado por João, Boanerges, ou filho do trovão ("*E a Tiago, filho de Zebedeu, e a João, irmão de Tiago, aos quais pôs o nome de Boanerges, que significa: Filhos do trovão*" Mc 3.17). Chamado a ser um seguidor de Jesus ("*E, passando dali um pouco mais adiante, viu Tiago, filho de Zebedeu, e João, seu irmão, que estavam no barco consertando as redes.*" Mc 1.19). Um dos apóstolos mais íntimos de

Cristo, estando com Jesus na ocasião da transfiguração (Mt 17.1), na casa de Jairo (Mc 5.37), no Getsêmani (Mt 26.37). Residia em Cafarnaum com seu pai e juntamente com Pedro eram pescadores. (Mc 5.37; 9.2; 10.35). Foi repreendido, juntamente com João, porque queriam chamar fogo do céu sobre os samaritanos (Lc 9.54). Também com João, pediu o favor de Jesus para assentar-se ao seu lado no Reino (Mt 20.20). Segundo o testemunho de Jerônimo[34] teria evangelizado na Espanha. Morreu decapitado em 44 d.C por Herodes Agripa I.

B. **Tiago, filho de Alfeu. Também um dos doze -** Filho de Alfeu e Maria (irmã da mãe de Jesus). Também chamado de Tiago, o menor: por ser o mais novo dos apóstolos e estatura inferior à Tiago, irmão de João (*"E também ali estavam algumas mulheres, olhando de longe, entre as quais também Maria Madalena, e Maria, mãe de Tiago, o menor, e de José, e Salomé".* Mc 15:40; Jo 19:25). Morto pelo Sumo-sacerdote Ananias.

C. **Tiago, o pai de Judas Tadeu (Judas era um dos doze. João 14.22 – Lucas 6.16)**

"Disse-lhe Judas (não o Iscariotes): Senhor, de onde vem que te hás de manifestar a nós, e não ao mundo?" João 14:22. *"E* ***Judas, filho de Tiago****, e Judas Iscariotes, que foi o traidor"* Lucas 6:16. Este Tiago é mencionado em Atos 1:13. *"Quando chegaram, subiram ao aposento onde estavam hospedados. Achavam-se presentes Pedro, João, Tiago e André; Filipe, Tomé, Bartolomeu e Mateus; Tiago, filho de Alfeu, Simão, o zelote, e* ***Judas, filho de Tiago****".* Somente pelo fato de seu filho fazer parte do grupo dos doze.

D. Tiago, o irmão de Jesus (Gálatas 1.19) - *"E não vi a nenhum outro dos apóstolos, senão a Tiago, irmão do Senhor".* Assim como os outros irmãos, não creram em Jesus em seu ministério terreno (*"Porque nem mesmo seus irmãos criam nele"* Jo 7.5; *"...E ficavam escandalizados por causa dele"* Mc 6.3). Jesus, depois da ressurreição lhe aparece (I Co 15.7), Tiago passa a crer. Acreditam que foi apelidado "o justo", porque era nazireu desde o nascimento e orava até os joelhos se tornaram duros como os de um camelo. Cedo foi reconhecido líder da igreja em Jerusalém. (Atos 12.17; 15.13-21. Hegésipo[35] cita sua morte. Segundo os registros de Eusébio informou: Apedrejado por escribas e fariseus por não renunciar a Jesus. (O relato da morte foi confirmado por Josefo[36]: *O*

34 Ver nota 8

35 **Hegésipo** (110-180) Foi um dos historiadores da igreja e provavelmente um judeu cristão no período do cristianismo primitivo. Foi antecessor de Eusébio de Cesaréia e escreveu contra heresias. Como feitos temos uma lista dos primeiros bispos de Roma, sendo a testemunha mais antiga desses nomes.

36 **Flávio Josefo**: (37-103) Historiador e escritor judeu. Era filho de sacerdote, e sua mãe era descendente da casa real hasmoneana, no perído de Judas Macabeu. Por seu sangue nobre, foi educado nas culturas

sumo-sacerdote, os escribas e fariseus se aproveitaram do motim dos judeus, no intervalo entre a morte de Festo e a nomeação de seu sucessor, para matá-lo lançando-o do teto do Templo para o chão, onde o apedrejaram). A informação dá-nos condições de datar sua morte em 62 d.C.) Entretanto, boa parte do restante do relato de Hegésipo, que retrata Tiago como um zelote da lei, é lendária. Pode ser que Hegésipo tenha derivado suas informações a partir de uma seita restrita de cristãos judeus, os ebionitas[37], que consideravam Paulo desfavoravelmente, exaltando Tiago como o real herdeiro do ensino de Jesus (MOO, 1990).

Moo (1990), diz que não é necessário que o Tiago da epístola seja um destes mencionados acima, porém, é pouco provável que o Tiago da carta não fosse conhecido. Dos quatro Tiago no NT, apenas o filho de Zebedeu e o irmão de Jesus destacam-se como possíveis autores. Contudo, o filho de Zebedeu morreu em 44 d.C. (Atos 12.2). A carta foi escrita depois de sua morte. (Mc 1:19; 5:17; 9:2) Ficando com o mais provável: Tiago irmão de Jesus.

Vários são os testemunhos da igreja antiga confirmando ser Tiago, o irmão de Jesus, o autor dessa carta. A posição de Tiago como o líder da igreja mãe dos cristãos, em Jerusalém, o qualificaria para dirigir uma exortação com autoridade às doze tribos dispersas. É certo que há quem conteste essas afirmações, negando a autoridade de Tiago. Os que assim procedem, o fazem alegando que a obra de Tiago não era um livro cristão, mas um texto judaico que foi cristianizado com duas referências a Jesus (*"Tiago, servo de Deus e do Senhor Jesus Cristo, às doze tribos dispersas entre as nações: Saudações". "Meus irmãos, como crentes em nosso glorioso Senhor Jesus Cristo, não façam diferença entre as pessoas, tratando-as com favoritismo* - 1.1; 2.1). Creem que a referência do nome em 1.1 foi adicionada posteriormente, ou seja, alguém fez uso de um nome importante (Tiago) para dar credibilidade e autoridade à carta. Ainda citam algumas razões para descrer ser Tiago o irmão de Jesus o autor da epístola:

* **Falta referência** - Não é possível que o próprio irmão de Jesus tenha escrito sem a preocupação de não ter colocado uma única referência quanto ao seu relacionamento especial com Cristo, inclusive da aparição do mestre após a ressurreição (*"Depois apareceu a Tiago e, então, a todos os apóstolos;"* I Co 15.7)

---

grega e judaica, daí falar fluentemente o grego e o latim.

37 **Ebionismo** ("pobres") grupo oriundo dos cristãos primitivos que negavam que Cristo não veio abolir a velha aliança ou a Torah, conforme instruções do Novo Testamento e principalmente nas cartas de Paulo. Acreditavam que gentios e judeus convertidos deveriam seguir as regras da Torah.

- o **Contraposição**: O não colocar "irmão de Jesus" reforça a autenticidade, e o quanto isso era normal e conhecido na igreja.

* **Sobre a linguagem e o pano de fundo cultural** – Aqui a dúvida recai sobre a impossibilidade de um judeu ter um grau tão elevado do grego, haja vista a carta conter uma escrita requintada. Apesar do grego ser difundido na época, como um integrante de uma família pobre poder ter crescido tanto em influência dessa língua? A carta possui um grego helenístico idiomático[38], com floreios literários (hexâmetro[39] incompleto em 1.17 – *"Toda a boa dádiva e todo o dom perfeito vem do alto, descendo do Pai das luzes, em quem não há mudança nem sombra de variação"*), com emprego de uma linguagem derivada da Filosofia e religião grega. Um filho de um carpinteiro galileu não teria esta instrução.

- o **Contraposição**: o grego não é tão requintado assim, e não está em pé de igualdade com a literatura mais elevada. Não se pode determinar a capacidade de Tiago, uma vez que o grego foi muito difundido. Um homem escolhido Pastor em Jerusalém, com certeza tinha capacidades para isso. Os conceitos filosóficos e religiosos não eram elaborações novas, mas conceitos populares e difundidos.

* A suposta contradição de fé e obras entre Tiago e Paulo.

2.2. Data

Se considerarmos que o autor da carta seja Tiago, irmão de Jesus, e sabendo que ele fora martirizado em 62 d.C. (conforme Flávio Josefo[40]), por uma questão lógica precisamos supor que essa carta tenha sido escrita antes da data de sua morte. Essa escrita poderia ter acontecido entre 45 e 49.

Outro ponto a ser considerado para a data, é que no capítulo dois de Tiago é possível que exista um entendimento do autor com as pregações do apóstolo Paulo (2.17-26) que acabou sendo mal interpretada em Antioquia por parte dos seus ouvintes.

---

38 **Expressão idiomática:** Conjunto de palavras que precisam ser identificadas fora do sentido literal. São expressões difíceis, ou até mesmo impossíveis, de traduzir para outras línguas. Essas expressões ocorrem quando um termo ou frase assume significado diferente daquele que as palavras teriam isoladamente.

39 **Hexâmetro**: Verso greco-latino formado por cinco dáctilos mais um troqueu ou espondeu. Uma forma de medida poética literária consistindo de seis pés métricos por verso.

40 Ver nota 31

> Então Barnabé foi a Tarso procurar Saulo e, quando o encontrou, levou-o para Antioquia. Assim, durante um ano inteiro Barnabé e Saulo se reuniram com a igreja e ensinaram a muitos. Em Antioquia, os discípulos foram pela primeira vez chamados cristãos (Atos 11.25,26)
> Alguns homens desceram da Judéia para Antioquia e passaram a ensinar aos irmãos: "Se vocês não forem circuncidados conforme o costume ensinado por Moisés, não poderão ser salvos". Isso levou Paulo e Barnabé a uma grande contenda e discussão com eles. Assim, Paulo e Barnabé foram designados, juntamente com outros, para irem a Jerusalém tratar dessa questão com os apóstolos e com os presbíteros (Atos 15.1,2).

Foi depois dessa pregação que a notícia se espalhou e chegou aos ouvidos do Pastor da igreja mãe em Jerusalém. Partindo do pressuposto que Paulo tenha pregado em Antioquia a partir do ano 45 conforme Atos 11.25,26, concluímos que a epístola de Tiago precisava ser escrita desse tempo (45 d.C.) em diante. Outrossim, a escrita não poderia ser depois de 49, porque Tiago se encontra com Paulo para os devidos esclarecimentos em 48 ou 49 no concílio em Jerusalém (Atos 15). Um outro detalhe é que se essa carta fosse escrita depois de 50, muito provavelmente teria em seu texto as resoluções do concílio, ou as controvérsias que aconteceram entre judeus e gentios; mais uma razão para a delimitação da data entre 45 e 49.

2.3. Local da escrita

Ao delimitarmos a autoria e a data, automaticamente temos um local apropriado para a escrita, contudo, detalhes ainda podem ser abordados, corroborando a intenção neste tópico. Antes de fincarmos as bases do local da escrita, consideremos Tiago 5.7: "*Portanto, irmãos, sejam pacientes até a vinda do Senhor. Vejam como o agricultor aguarda que a terra produza a preciosa colheita e como espera com paciência até virem as chuvas do outono* (temporã – época de plantio) *e da primavera* (serôdia – semanas antes da colheita). Observando o clima e a sequência de chuvas da época, entendemos que se trata de uma prática da costa oriente do mediterrâneo, o que já nos delimita um espaço geográfico satisfatório, levando em consideração que a menção acerca de pormenores da agricultura e do tempo eram assuntos comuns e conhecidos entre os leitores (MOO, 1990).

As condições sociais expressas na epístola também nos ajudam a entender qual seria o local dessa escrita: debates religiosos que infectavam a igreja (3.13; 4.3), comerciantes em busca de lucro (4.13-17), movimento zelote buscando a libertação de Israel por meio de suas ideologias violentas (4.2), e conhecida exploração da força de trabalho (4.13-17).

Com esse arcabouço, é provável que a carta tenha sido escrita em Jerusalém, local considerado santo para os judeus, centro político e religioso da nação, e onde morava o escritor Tiago. Essa configuração sacra e importante da cidade advinha de séculos que foram marcados pela presença dos maiores reis de Israel instalados nesse local, profetas que erigiram seus ministérios ali, além do templo localizado em Jerusalém. Era justificado o fato de que não importando a distância, os judeus espalhados pelo mundo ainda consideravam a cidade como lar, e mais, símbolo da presença de Deus (COMFORT, 2009).

[41]*Reprodução Jerusalém no primeiro século*

41 Foto pessoal de Albeiro Rodas, seção grandes maquetes. A maquete reproduz a cidade de Jerusalém, em Israel, no primeiro século do tempo de Jesus. Disponível em: https://commons.wikimedia.org/wiki/File:Jerusalen_siglo_primero.jpg

CAPÍTULO 3

Objetivo e conteúdo da carta

O Dr. Philip Comfort (2009) pondera que a carta de Tiago parece um memorando de segunda-feira de manhã para uma determinada organização; como se a vontade de Tiago fosse que os leitores desse memorando pudessem colocar sua fé em prática após lerem algo corriqueiro pela manhã. Uma espécie de jornal matinal que instiga seus leitores a demonstrarem a fé que tanto diziam ter em casa, no trabalho, no bairro, na rua, além de propor que tais demonstrações fossem atemporais, que não se limitassem em datas ou tempos específicos. Essa prática requerida não era algo diferente ou sobre-humano, trata-se de algo comum e absolutamente conhecido, daí o enredo ser ilustrado como um jornal da manhã.

Outro ponto importante é que as dificuldades do dia a dia, que demandavam demonstrações práticas da fé, não deveriam ser encaradas como barreiras, mas como oportunidades de uma vida piedosa cristã. Ou seja, não bastava dizer que se possuíam a fé, era preciso demonstrar com aplicações práticas diárias, conotando ou denotando que a fé verdadeira realmente havia sido instalada.

Neste capítulo trabalharemos quais foram os objetivos propostos pelo o autor diante da escrita, como foram expostos os conteúdos, lições práticas, e a natureza da carta de Tiago.

3.1. Objetivo da carta

Essa epístola evidencia uma necessidade prática de vida que vai além dos ambientes institucionais religiosos, locais onde a Bíblia facilmente poderia ser analisada, vivida e obedecida em dias e horários específicos. Estamos falando que os ambientes que são especificamente preparados para a vida devocional, como um templo, farão com que, necessariamente, os integrantes do local vivam a proposta da piedade, uma vez que o ambiente e o público presente facilitarão a ocasião, como num culto de domingo à noite. Todos vão exclusivamente preparados para atitudes que coadunam com o que seria a prática correta para aquele momento. Entretanto, a proposta de Tiago vai além do ambiente físico de culto ou um horário demarcado. Sua carta fala de uma necessidade piedosa que transcende aquela produzida em grupo; fala-nos de uma transformação pessoal e social que parte da interioridade e da consciência verdadeira de cada um, baseado nos ensinos de Cristo, daí sua aplicabilidade prática no chão da existência.

O objetivo do autor é que seus leitores (antes, agora e no futuro) se transformem em praticantes da palavra, quando diz que a mensagem por ele anunciada deveria ser para obedecer, e não apenas para ouvir.

> Sejam praticantes da palavra, e não apenas ouvintes, enganando-se a si mesmos. Aquele que ouve a palavra, mas não a põe em prática, é semelhante a um homem que olha a sua face num espelho e, depois de olhar para si mesmo, sai e logo esquece a sua aparência. Mas o homem que observa atentamente a lei perfeita que traz a liberdade, e persevera na prática dessa lei, não esquecendo o que ouviu, mas praticando-o, será feliz naquilo que fizer (Tiago 1.22-25).

Mesmo que Tiago não tenha sido eloquente como Apolo, ou com a mesma capacidade argumentativa de Paulo, contudo, nele habitava uma sinceridade moral, o que faz com seu discurso e escrita sejam simples, mas poderosamente arrebatador. Por essa razão, inicia consolando os judeus cristãos que passavam por provações, em seguida busca corrigir desacordos que ocorriam nas reuniões; por fim, conclama seus leitores a uma vida cristã coerente, em busca do arrependimento e a ação, uma vez que estavam tentando separar obras da fé.

3.2. Conteúdo da epístola

Não devemos cobrar da epístola de Tiago uma ordem rigorosa como os demais livros ou cartas. Seu zelo e impetuosidade latente direciona-o a outras preocupações, como a de apresentar-nos exortações, reflexões e lições morais. Sobre essa explanação de conteúdo nos fala Mayer (2006) nos subtópicos a seguir:

3.2.1. Saudação e provações necessárias (1.1-18)

Após uma breve saudação, Tiago menciona sobre as **provações e perseguições** que os judeus cristãos estavam passando. Diz que o propósito dessas tentações era uma espécie de permissão para que as provações pudessem atingir um propósito maior: aperfeiçoar o caráter cristão. É aqui que os leitores são ensinados como reverterem essas tentações em bênçãos, fazendo do momento uma fonte de paciência, como ouro testado no fogo. Avançando nas orientações, a **sabedoria, a oração e a fé são trabalhadas** (1.5-8). A primeira como atitude necessária para vencer a tentação, como um dom de Deus aos que possuem uma fé sólida e genuína.

A pobreza e a riqueza são os temas levantados após a sabedoria (1.9–11). Aqui o autor apresenta a pobreza como provação, e a riqueza como fonte de tentação. Orienta o pobre a não se sentir humilhado ou ficar entristecido por sua pobreza. Nesse ponto, precisamos considerar que os judeus cristãos da Palestina, destinatários dessa carta, se encontravam numa situação precária, financeiramente falando; além da fome que circulava no contexto da época, os cristãos eram especialmente afetados, pois ainda sofriam com o desamparo de seus pares. Seguindo essa lógica, Tiago fala aos leitores que não experimentavam do muito prestígio neste mundo para que se sentissem alegres, pois eram grandes aos olhos de Deus. Ao rico a orientação parte do pressuposto de que não deveria se orgulhar de sua fartura, era preciso olhar além das circunstâncias físicas externas, no alvo dos valores espirituais atemporais, a um reino celestial que não se podia ver; devia sentir-se alegre, pois suas riquezas não significavam nada para o Senhor, pois ela logo passaria como uma flor que perde a beleza, murcha e seca queimada pelo sol abrasador do verão. Dessa forma o rico também morrerá, e deixará para trás todos os seus afazeres trepidantes. Tiago conclui essa primeira parte falando sobre a coroa da vida como **recompensa aos que suportaram a provação e a tentação** e sobre a tentação interna para o mal (1.12-18). Segundo o autor, Deus envia tribulações, contudo jamais envia impulsos maus para tentá-los (PEARLMAN, 2006).

> [12]Bem-aventurado é aquele que suporta com perseverança a provação. Porque, depois de ter sido aprovado, receberá a coroa da vida, a qual o Senhor prometeu aos que o amam. [13]Ninguém, ao ser tentado, diga: "Sou tentado por Deus." Porque Deus não pode ser tentado pelo mal e ele mesmo não tenta ninguém. [14]Ao contrário, cada um é tentado pela sua própria cobiça, quando esta o atrai e seduz. [15]Então a cobiça, depois de haver concebido, dá à luz o pecado; e o pecado, uma vez consumado, gera a morte. [16]Não se enganem, meus amados irmãos. [17]Toda boa dádiva e todo dom perfeito vêm lá do alto, descendo do Pai das luzes, em quem não pode existir variação ou sombra de mudança. [18]Pois, segundo o seu querer, ele nos gerou pela palavra da verdade, para que fôssemos como que primícias das suas criaturas (Tiago 1.12-18).

3.2.2. Obras como fé verdadeira (1.19 a 2.26)

Diante das provações e testes nos versículos anteriores o texto requer do leitor um bom temperamento e controle apropriado, pois assim é a vontade de Deus; é feita uma **exortação quanto ao falar e a ira** (1.19-20). Em ato contínuo a orientação que se segue é que os leitores se tornem **praticantes da palavra**, pois a fé genuína se manifesta na prática da religião, seja no controle da língua, no amor fraterno ou no afastamento do mundo (1.21-27).

A fé verdadeira requerida demonstra sua **imparcialidade e a lei do amor** (2.1-13). O trato com os pobres e ricos deveria ser imparcial. Alguns estavam sendo cordiais com os ricos e estúpidos e grosseiros com os pobres. Tal imparcialidade demonstrava fraqueza na fé que se dizia ter, bem como uma violação da lei.

Após a necessidade de imparcialidade no amor, Tiago fala sobre a fé que é provada com obras, ou a **fé que salva** (2.14-26).

3.2.3. Os efeitos da língua e a verdadeira e falsa sabedoria (3.1–4.12)

Os efeitos nocivos da língua sem controle são ponderados no início do capítulo três (3.1-12). O autor faz críticas severas aos que insistiam em tomar a posição de mestres em julgamentos precipitados, ferindo pessoas por meio das palavras, quando essa condição deveria ser usada para instrução e ensinamento. Em seguida faz a comparação do poder da língua com um freio de cavalo, como o leme de um navio e a uma fagulha (3-5). Nos versículos 6 a 12 do mesmo capítulo 3, fala sobre o mal da língua. A intenção do autor é mostrar a língua como possibilidades de cura e de destruição. A língua mal utilizada poderia incendiar o curso da existência, como um mal incontrolável após o alastramento. Tiago queria mostrar as incompatibilidades nos discursos de seus leitores; com a mesma boca que diziam professar a fé, amaldiçoavam os homens feitos à imagem e semelhança de Deus. Uma mesma fonte não poderia produzir água doce e salgada.

> [1] Meus irmãos, não sejam, muitos de vocês, mestres,
> sabendo que seremos julgados com mais rigor. [2]Porque
> todos tropeçamos em muitas coisas. Se alguém não
> tropeça no falar, é um indivíduo perfeito, capaz de
> refrear também todo o corpo. [3]Ora, se colocamos um
> freio na boca dos cavalos, para que nos obedeçam,
> também lhes dirigimos o corpo inteiro. [4]Observem,
> igualmente, os navios que, sendo tão grandes e
> impelidos por fortes ventos, são dirigidos por um
> pequeníssimo leme, e levados para onde o piloto
> quer. [5]Assim, também a língua, pequeno órgão, se
> gaba de grandes coisas. Vejam como uma fagulha
> incendeia uma grande floresta! [6]Ora, a língua é um
> fogo; é um mundo de maldade. A língua está situada
> entre os membros do nosso corpo e contamina o
> corpo inteiro, e não só põe em chamas toda a carreira
> da existência humana, como também ela mesma é
> posta em chamas pelo inferno. [7]Pois toda espécie de
> animais, de aves, de répteis e de seres marinhos se
> doma e tem sido domada pelo gênero humano, [8]mas
> a língua ninguém é capaz de domar; é mal incontido,
> cheio de veneno mortal. [9]Com ela, bendizemos o
> Senhor e Pai; também, com ela, amaldiçoamos as
> pessoas, criadas à semelhança de Deus. [10]De uma só
> boca procede bênção e maldição. Meus irmãos, isso
> não deveria ser assim. [11]Por acaso pode a fonte jorrar
> do mesmo lugar água doce e água amarga? [12]Meus
> irmãos, será que a figueira pode produzir azeitonas
> ou a videira, figos? Assim, também, uma fonte de água
> salgada não pode dar água doce (Tiago 3.1-12).

Na sequência é trabalhado as manifestações de paz, que é a **verdadeira**

sabedoria (3.13-18), e as manifestações da **falsa sabedoria** (3.15; 4.1-17), fruto de prazeres malignos que são a fonte de dissensões e discórdias entre os santos (4.1-3). Nesse ponto o autor chama atenção inicialmente fazendo duas perguntas: O que está causando as discussões e as lutas entre vocês? Não seria porque existe um exército interior de maus desejos dentro de vocês? Por meio desse *start*, agora explica que a razão de tudo isso seria porque os cristãos queriam o que não possuíam, a tal ponto de matarem se necessário fosse para conseguirem. Eles desejavam o que os outros possuíam e por inveja queriam lutar para tomar o que era do outro. O autor ainda afirma que a razão pela qual não tinham o que desejavam é porque não pediam a Deus, e quando pediam não recebiam, porque o objetivo deles estava errado, pois só queriam o que dava prazer. Tiago conclama seus leitores ao **arrependimento sincero** diante desses erros (4.4-10), afirmando na continuidade do texto que a **maledicência** deveria ser algo proibido entre eles (4.11-12), assim como a **arrogância (4.13-17)**.

3.2.4. Cosmovisão cristã: Perseverança e fé (5.1-11)

O capítulo 5 se inicia com um aviso aos ricos acerca do fim que os aguardava caso não vivessem suas riquezas com o entendimento que tudo aquilo era passageiro e superficial. Com recursos que não poderiam salvá-los e pela falta de esperança que nutriam, Tiago alerta-os que as riquezas não os isentariam do julgamento divino; ou seja, seriam condenados aqueles que faziam mal uso dos recursos que possuíam (5.1-6).

A partir do versículo 7 do mesmo capítulo um **estímulo à perseverança paciente** é dado, referindo-se às condições dos versículos anteriores. Era preciso ser paciente (5.7-11). São orientados a não murmurarem uns com os outros, aguardando o grande Juiz, como fizera Jó e os profetas.

> [7]Portanto, irmãos, sejam pacientes até a vinda do Senhor. Eis que o lavrador aguarda com paciência o precioso fruto da terra, até receber as primeiras e as últimas chuvas. [8]Sejam também vocês pacientes e fortaleçam o seu coração, pois a vinda do Senhor está próxima. [9]Irmãos, não se queixem uns dos outros, para que vocês não sejam julgados. Eis que o juiz está às portas. [10]Irmãos, tomem como exemplo de sofrimento e de paciência os profetas, que falaram em nome do Senhor. [11]Eis que consideramos felizes

> os que foram perseverantes. Vocês ouviram a respeito da paciência de Jó e sabem como o Senhor fez com que tudo acabasse bem; porque o Senhor é cheio de misericórdia e compaixão (Tiago 5.7-11).

3.2.5. Oração final (5.12-20)

No versículo 12 fala sobre juramentos. Os cristãos não deveriam fazer nenhum tipo de juramento para que suas palavras fossem tidas como verdadeiras. Foram orientados a não jurarem nem pelo céu, nem pela terra, nem por qualquer outra coisa; era preciso que apenas dissessem um simples "sim" ou 'não", pois assim não estariam pecando. Suas honestidades deveriam ser reconhecidas e inquestionáveis, baseadas num simples sim ou não, ao invés de enfeites desnecessários que poderiam esconder outras intenções.

Fiel em sua proposta de exortação e restauração de seus leitores, Tiago chega em seu último capítulo, convidando os judeus cristãos, alvos de sua carta, a se arrependerem e confessarem seus pecados uns aos outros, tendo na oração um princípio importantíssimo. Assim acontecendo seriam purificados e ainda mais, seriam canais de benção e de transformação para outras pessoas. O autor faz um detalhamento da **oração eficaz** em forma de confissão, louvor e intercessão, e ao mesmo tempo relaciona tais disciplinas espirituais à cura, unção, perdão, etc (5.13-18).

Tiago encerra afetuosamente com um **convite a ação**, dizendo aos seus leitores que qualquer um que se desviou de Deus e não confia mais no Senhor, e alguém porventura venha a ajudá-lo a compreender a verdade novamente, essa pessoa que o trouxer de volta salvará da morte uma alma extraviada e trará o perdão para os seus muitos pecados (5.19-20).

3.3. Natureza da carta

A epístola de Tiago é diferente de cartas como as de Paulo, ou outras para pessoas ou igrejas específicas. Trata-se de uma obra literária para grandes públicos. Segundo Moo (1990), ao analisarmos a natureza específica da carta temos quatro aspectos:

1. Forte tom de exortação pastoral – O propósito da carta não é de informar, mas exortar e encorajar. Por isso, o autor usa frases no imperativo, como "meus irmãos", ou "meus amados irmãos".

2. Desprendimento de estrutura – A epístola não tem a preocupação de apresentar uma relação lógica entre os assuntos, daí ser muito difícil discernir relações sistemáticas e com amarrações precisas de uma parte para outra. Mesmo que em diversos momentos ou partes tenhamos assuntos longos no conjunto da obra, na maioria das vezes vamos nos deparar com falas ou parágrafos curtos e visivelmente independentes.

3. Extenso uso de metáforas e ilustrações – Com arcabouço significativo em ilustrações e metáforas, a carta mostra sua universalidade e popularidade. A obra contém muito do cerne e das figuras do judaísmo do AT, por essa razão nos deparamos com frases como "a planta seca", "a flor que cai", "a onda do mar", "o cavalo", "os animais que são domados", "a fonte de água", "os homens de negócios", "as riquezas corruptas", "roupas comidas por traça", "o lavrador paciente". Um exemplo do espírito do AT na carta está no uso do termo infiéis (adúlteros) em 4.4; Esse termo não faria sentido sem o entendimento da relação de Deus com seu povo (casamento), algo proposto no Antigo Testamento. "*Gente infiel! Vocês não sabem que a amizade do mundo é inimizade contra Deus? Aquele, pois, que quiser ser amigo do mundo se torna inimigo de Deus* (Tiago 4.4). Sinagoga é outra palavra usada para os leitores da época, que já era conhecida no contexto da história dos hebreus: "*Porque, se entrar na sinagoga de vocês um homem com anéis de ouro nos dedos, vestindo roupa luxuosa, e entrar também um pobre muito malvestido*" (Tiago 2.2).

4. A utilização de outras fontes – Como já dito, Tiago faz alusões sobre textos do AT, assim como dos ensinos de Jesus. Além disso, faz paralelos com outros textos (I Pedro, Eclesiástico, os Testamentos dos doze Patriarcas[42], O pastor de Hermas, e I Clemente).

42 **Os testamentos dos doze patriarcas**: é um livro apócrifo bíblico pseudoepígrafo, intertestamentário, que se refere a discursos e recomendações atribuídas aos doze filhos de Jacó, antes de morrer.

A teologia da carta de Tiago

Tiago não trabalha teologia como normalmente estamos acostumados. Realmente, fala muito pouco sobre as crenças ou as doutrinas cristãs básicas. Contudo, seria injusto dizer que em nenhum momento ele pondera assuntos ligados à teologia como conhecemos. Enfim, mesmo não trabalhando alguns temas, dando a carta um caráter teológico puro e simples, sua praticidade e viés exortativo nos leva teologicamente a um embasamento bastante sólido. É preciso ter a compreensão elementar de que os objetivos da carta irão ditar a quantidade e os assuntos teológicos que são pertinentes (MOO, 1990).

Neste capítulo o assunto em pauta será a teologia prática de Tiago, além das ponderações básicas da fé cristã como a natureza de Deus, escatologia, fé e obras, autoridade da lei, ética cristã, sabedoria, riqueza e pobreza.

4.1. O que Tiago não fala

O ministério do Espírito Santo, ou a pneumagiologia[43], não é algo mencionado na carta de Tiago; apesar de estudiosos discordarem usando Tiago 4.5. Entretanto, vamos sentir falta de outros pontos, como Cristo se cumprindo conforme havia sido prometido pelo AT, o significado teológico da igreja, bem como a morte expiatória de Cristo e ressurreição. Apesar desses assuntos elementares não virem à tona, a obra não deixa de ser teológica, mas evitando temas ou diálogos que

43 **Pneumagiologia**: Pneum - Espírito / Agio - Santo / Logia - Doutrina (Doutrina do Espírito Santo)

já faziam parte do contexto de seus leitores. Por isso, essa epístola não é sobre dogmas, uma vez que não se tinha a preocupação de corrigir problemas doutrinárias, mas para que fossem de fato cumpridores daquilo que diziam professar; um convite à prática.

4.2. Conteúdo teológico em Tiago

As pessoas para quem Tiago escreveu tinham familiaridade com as questões elementares do evangelho. Por isso não fala de teologia (questões básicas da fé) mas fala de uma prática do viver diário (teologia na prática). Mesmo com características estritamente práticas, a epístola de Tiago nos oferece uma grande contribuição no entendimento de assuntos como a origem do pecado, a sabedoria, oração, fé e obras, natureza de Deus, dentre outros. Não considerar que essa praticidade teológica seja teologia, é regredir no entendimento do evangelho.

4.2.1. A natureza de Deus

Tiago busca suscitar em seus leitores um tipo de ação prática que estivesse profundamente alicerçada e fundamentada na natureza de Deus. Não deveriam ser cristãos que agissem de outra forma, a não ser com a plena consciência do caráter do Deus a quem serviam. Por isso, o autor apresenta quais deveriam ser as informações almejadas e vividas da natureza divina.

Já no primeiro capítulo e versículo 5, o autor orienta que não deveriam hesitar em pedirem sabedoria, pois Deus concedê-la-ia liberalmente. Além dessa liberalidade divina em conceder a sabedoria, a invariabilidade de Deus é apresentada (1.17). Nele não há mudanças nem sombra; isso porque Tiago estava explicando que Deus pode até testar seus servos para benefício deles, contudo, não pode haver associação entre Deus e a atração do mal, que é fruto do erro humano (1.14-15).

A graça de Deus também é vista em Tiago, como expressão do caráter divino. Diante do mundanismo vivido pelos destinatários da obra, Tiago faz severas acusações, orientando-os a não se portarem como adúlteros espirituais, pois isso afetava o relacionamento com Deus. Era preciso observarem o caráter santo do Senhor e do quanto estavam equivocados em práticas que não coadunavam com aquilo que deveriam viver em Cristo. Contudo, a graça de Deus (4.6) é capaz de providenciar forças para resistirem os maus desejos, mas era preciso se submeterem humildemente ao altíssimo para experimentarem a graça (MOO, 1990).

Ainda dentro da exposição da natureza divina na carta de Tiago encontramos o monoteísmo (2.19). Aqui a apresentação vem por meio de uma pergunta: "*Você crê que Deus é um só? Faz muito bem! Até os demônios creem e tremem.* A verdade exposta é a de que a aceitação de um credo, mesmo que este seja verdadeiro, não será suficiente para salvar ninguém, pois até mesmo os demônios acreditam que há um só Deus. De qualquer forma vemos o monoteísmo exposto como verdade teológica na carta de Tiago (COMFORT, 2009).

4.2.2. Escatologia

Dentro do arcabouço teológico de Tiago, a escatologia tem papel importante e diferenciado nesta epístola. Essa verdade teológica ganha apresentação e foco não somente diferente, mas novo diante do que os judeus estavam acostumados. Nesse caso, o autor foge à regra do que vinha expondo. Nas exortações feitas na carta é notável o quanto o autor faz questão de assemelhar suas falas ao que já era conhecido entre os leitores, em relação a literatura judaica e até mesmo a grega. Contudo, quando o assunto é escatologia a tônica é nova e com grande ênfase: O julgamento vindouro (5.9), e o juiz que está às portas. Diversos outros versículos são usados posteriormente como forma repetitiva de salientar uma verdade, conquanto era objetivo do autor motivá-los a uma vida santa diante do todo poderoso.

> e o rico, na sua humilhação, porque ele passará como a flor do campo. Porque o sol se levanta com seu calor ardente, a planta seca, a sua flor cai e a formosura do seu aspecto desaparece. Assim também o rico murchará em seus caminhos (Tiago 1.10,11).
>
> Assim, falem e vivam como pessoas que serão julgadas pela lei da liberdade. Porque o juízo é sem misericórdia sobre quem não usou de misericórdia. A misericórdia triunfa sobre o juízo (Tiago 2.12,13).
>
> Meus irmãos, não sejam, muitos de vocês, mestres, sabendo que seremos julgados com mais rigor (Tiago 3.1).
>
> Escutem, agora, ricos! Chorem e lamentem, por causa das desgraças que virão sobre vocês. As suas riquezas apodreceram, e as suas roupas foram comidas pelas traças. O seu ouro e a sua prata estão enferrujados, e essa ferrugem será testemunha contra vocês e há de devorar, como fogo, o corpo de vocês. Nestes tempos

> do fim, vocês ajuntaram tesouros. Eis que o salário dos trabalhadores que fizeram a colheita nos campos de vocês e que foi retido com fraude está clamando; e o clamor dos que fizeram a colheita chegou aos ouvidos do Senhor dos Exércitos. Vocês têm tido uma vida de luxo e de prazeres sobre a terra; têm engordado em dia de matança. Vocês têm condenado e matado o justo, sem que ele ofereça resistência (Tiago 5.1-6).

Com o convencimento de que Cristo não tardaria voltar, Tiago apresenta esse feito como um julgamento iminente de que a vinda do Senhor está próxima e que o juiz está às portas. De qualquer forma o autor não pararia por aí, também apresenta aos leitores que existe uma recompensa aos que se mostrarem fiéis e produtivos no serviço. Eis os sinais de recompensa (1.12; 2.5; 4.10; 5.20):

> Bem-aventurado é aquele que suporta com perseverança a provação. Porque, depois de ter sido aprovado, receberá a coroa da vida, a qual o Senhor prometeu aos que o amam.
> Escutem, meus amados irmãos. Por acaso Deus não escolheu os que para o mundo são pobres para serem ricos em fé e herdeiros do Reino que ele prometeu aos que o amam?
> Humilhem-se diante do Senhor, e ele os exaltará.
> saibam que aquele que converte o pecador do seu caminho errado salvará da morte a alma dele e cobrirá uma multidão de pecados.

4.2.3. Fé e obras

Sem dúvidas, o assunto teológico mais polêmico e controverso da epístola é o relacionamento que o autor faz com a doutrina da fé e das obras, isso quando comparado com os ensinos de Paulo aos Gálatas e aos Romanos (2.14-26).

Muitos, como já mencionado, acabaram pensando que Tiago negava a doutrina ensinada pelo apóstolo Paulo sobre a justificação pela fé. Porém, com uma observação detalhada perceberemos que Tiago e Paulo estão em acordo. Quando Tiago fala sobre fé, refere-se a uma aceitação intelectual simples da verdade que seus leitores viviam, mas que não conduz o fiel a uma prática piedosa; como a fé que até os demônios possuem de Deus (2.19). Tiago quer mostrar que não bastava a fé se os atos não fossem coerentes com aquilo que pensavam ou diziam. Quando Paulo fala de fé, ele nos fala de um poder intelectual, moral e espiritual, que buscava colocar a pessoa num estado consciente de Deus; ou seja, ele criticava as obras mortas do legalismo, criticava a ortodoxia estéril e ineficaz; já Tiago, mostra que a crença que não vem carregada com obras, não condiz com os ensinos cristãos, afirmando que a fé é um compromisso firme e inabalável em Deus (2.1), testado e refinado nas provações (1.5-8).

Enfim, eram públicos diferentes. Com Paulo, achavam que se cumprissem as regras propostas seriam salvos, assim como acontecia no Judaísmo. Em Tiago, o público partiu para o outro extremo; diziam que o simples aceitar intelectual lhes davam a possibilidade de salvação.

4.2.4. A autoridade da Lei

Outro ponto que tem gerado certa discussão entre os estudiosos é a justificação em Tiago e Paulo. Para alguns, Tiago parece usar da lei como algo que ainda precisa ser vivido pelos cristãos, enquanto que Paulo faz todo um esforço para mostrar a ineficácia da lei para a salvação daqueles que agora estão em Cristo Jesus.

A dificuldade está nos textos: 2.9-12 e 4.11.

> 9Se, no entanto, vocês tratam as pessoas com parcialidade, cometem pecado, sendo condenados pela lei como transgressores. 10Pois quem guarda toda a lei, mas tropeça em um só ponto, se torna culpado de todos. 11Porque, aquele que disse: "Não cometa adultério", também ordenou: "Não mate." Ora, se você não comete adultério, porém mata, acaba sendo transgressor da lei. 12Assim, falem e vivam como pessoas que serão julgadas pela lei da liberdade.
> Irmãos, não falem mal uns dos outros. Aquele que fala mal do irmão ou julga o seu irmão fala mal da lei e julga a lei; ora, se você julga a lei, não é observador da lei, mas juiz.

O reformador Lutero faz uso do que Tiago chamou de "lei da liberdade" para mostrar seu desconforto com a carta, uma vez que o apostolo Paulo chama de "lei da escravidão". É razoável e sensato pensar que Tiago não tem a intenção de divinizar a lei na dinâmica da fé em Cristo. Suas atitudes em expor a lei judaica não são conservadoras, mas ao falar aos judeus, faz uso de termos comuns aos leitores mostrando sua consonância e resgate do AT, para sublinhar o que era mais importante, o Evangelho de Cristo Jesus.

Tiago apoia a autoridade da lei do Antigo Testamento, mas apenas na extensão em que ela se cumpriu no ensino e na obra de Jesus.

4.2.5. A ética cristã

É nesse ponto que Tiago mostra a que veio. Nenhum outro livro dedica tanto tempo e espaço para apresentações exclusivas em questões éticas. Como já frisado anteriormente as palavras de sabedoria prática de Tiago não tem foco temporal, serve para qualquer pessoa em qualquer lugar, em qualquer tempo, contudo, precisamos considerar o bojo vivido dos leitores, o que fez com que as orientações fossem forjadas. Tiago sabe que será impossível blindar seus leitores de todo e qualquer tipo de tentação, mas orienta-os que aproveitem as oportunidades que as agruras vividas poderiam dar para crescerem e frutificarem. Ainda diz para que não tentassem fugir dos problemas, mas que fossem perseverantes até o fim, até estarem plenamente crescidos e preparados, com caráter forte e íntegros (1.4).

Com essa declaração, nota-se que a inconstância, ou o ânimo dobre, era o que mais preocupava Tiago. Precisavam servir a Deus não em partes, mas com toda a alma, corpo e essência. Essa dubiedade era percebida entre os judeus cristãos em seus discursos duvidosos (3.9-10).

Para falarmos da ética proposta por Tiago em sua carta, vale explicarmos o norte almejado pelo autor na conceituação do que seria essa ética cristã. É sabido entre os filósofos e estudiosos que a consciência não é adquirida por intermédio da intuição natural, mas intelectual. Obedecer a regras ou leis não demanda interpretação elaborada, pois normalmente aprendemos ao longo da vida que a não obediência causará punições. Entretanto, a vivência, compreensão e interpretação dessas leis morais só podem ser adquiridas através do uso da razão quando passamos a perceber e reconhecer o expediente da moralidade em sua vigência. Estamos falando de um processo individual, livre e consciente. Mesmo que cada sociedade ou indivíduos tenham na cultura o entendimento do que seria as ordens ou regras a serem seguidas, será preciso ainda uma filosofia moral, um "guarda-chuva" maior que pudesse problematizar, refletir, e interpretar o significado e aplicabilidade desses valores morais. Aqui nasce a ética, algo que é maior do que regras, um pensar racional do porquê seguir tais regras. Aqui a diferença entre lei/moral e lei/ética.

Tiago queria mostrar aos leitores que precisam ir além dos costumes, da moral, precisam fazer análises críticas conscientes por meio daquilo que Cristo havia ensinado. Era preciso ver o mundo com os óculos do evangelho, da ética cristã e da graça. Não deveriam ser meros leitores, meros espectadores, meros seguidores, meros ouvintes, mas intérpretes dos significados e das aplicações do que acreditavam.

Para que um sujeito seja ético, é necessário que preencha algumas condições. Isso porque a percepção da fé cristã só seria possível quando usassem a razão para o reconhecimento do que de fato diziam seguir. O sujeito ético precisa ser consciente de si e dos outros, ser dotado de vontade, ser responsável, ser livre. Por essa razão Tiago insiste em mostrar que a ética cristã seria resultado da conduta que os leitores deveriam ter, quando pelo entendimento da fé em Cristo, teriam suas ações individuais moldadas, à medida que pensavam e praticavam. Seria preciso amar e praticar a palavra de Deus e não somente ouvir.

Ademais, era preciso amar o próximo como a nós mesmos (2.8), precisavam entender e não simplesmente aceitar o que seria a religião pura e sem mácula; essa baseada no cuidado dos órfãos e das viúvas (1.27), mostrando uma praticidade que fugiam na época, pois criam que se somente esboçassem a fé, já seriam salvos. Tiago trabalha para que entendam que o favoritismo aos ricos era errado (2.1-7), além de estimularem na prática da oração, lembrando que Deus dá boas dádivas tendo a fé como requisito básico (1.6-8).

4.2.6. A sabedoria

Ao olharmos textos judaicos sobre a sabedoria, veremos que a mesma é identificada como a vida em concordância com a Torah, porém, Tiago não faz esta ligação, ele liga sabedoria ao Espírito Santo.

Em pelo menos duas passagens dessa carta vamos nos deparar com o tema da sabedoria. Num primeiro momento, Tiago diz aos leitores que se quisessem saber o que Deus queria que eles fizessem era só perguntar, que o Senhor alegremente lhes diria, pois Ele estava sempre pronto a dar uma farta provisão de sabedoria a todos os que lhe pediam (1.5). Num outro momento, conclama seus leitores a provarem se eram sábios ou não. Caso fossem, deveriam viver uma vida de constante bondade, para que dela pudessem emanar boas ações; essas ações deveriam acontecer sem alardes, pois assim faziam os sábios. Outra recomendação é que não se gabassem em serem sábios ou bons, uma vez sendo invejosos e egoístas; o autor diz que esse tipo, expõe a pior mentira. Ainda propõe que a inveja e o egoísmo não são uma espécie de sabedoria de Deus, pois são coisas da terra, são materiais e inspiradas pelo diabo; havendo inveja e ambições egoístas, haverá desordem e todas as outras espécies de mal. Os leitores aprendem com Tiago que a sabedoria divina é pura, calma, branda, traz paz e é cordial. A sabedoria divina tolera o debate, se submete ao outro, é cheia de misericórdia e de boas obras (3.13-18).

Enfim, a verdadeira sabedoria é caracterizada por boas obras, por uma atitude humilde, e relacionamentos harmoniosos com os outros; um presente de Deus.

4.2.7.A pobreza e a riqueza

Para entendermos melhor o posicionamento da carta de Tiago sobre esse assunto, precisamos olhar para as orientações do AT sobre pobreza e riqueza. Douglas (1990) afirma que existia uma tradição judaica que falava sobre o assunto, dando a Tiago a estrutura necessária para trabalhar o tema por meio do que já havia sido estabelecido. Olhando Salmos 68.5 e Deuteronômio 10.18, veremos a indicação de que Deus tem um cuidado especial pelo pobre, pelo oprimido e pelo rejeitado. O povo de Israel era advertido a manifestarem cuidados especiais ao menos favorecidos (Dt 10.19), uma vez que a nação negligenciava o pobre, conforme escreveu-nos o profeta Amós (2.6-7). O AT ainda finca bases dentro do arcabouço da pobreza e riqueza dizendo que era necessário a identificação do pobre como um ser piedoso e justo (Sl 10; 37.8-17), e que os ricos e poderosos tendem, não como regra, a ser identificados como perversos, por sua forma de agir; eram egoístas, acumulam dinheiro, viviam em luxos sem sentido, fraudavam o trabalhador e perseguiam o justo. Portanto, não somente Tiago, mas todo o NT se apega ao contexto do AT para falar sobre o pobre e rico. A ideia é levantar o contraste existente entre os valores celestes e terrenos.

Tiago não condena o rico, mas fala de forma enfática sobre alguns pecados específicos. Olhando o contexto da carta veremos que a maioria dos leitores eram pobres e sofriam grandemente nas mãos dos ricos e poderosos. Esses ricos usavam o sistema legal, ou agindo dentro da lei (2.6), oprimiam não pagando o que era devido aos trabalhadores; viviam regalias que eram pagas pelos mais necessitados (5.5), e pior, faziam tudo isso desrespeitando o nome de Cristo (2,7). Por essa razão, o autor menciona os males que viriam sobre eles. Também exorta os pobres a confiarem em Deus, pois eram vistos pelo todo poderoso como justos e tinham o favor divino.

É preciso repetir que Tiago não afirma que é pecado ser rico, ou que todo pobre é justo, mas o que ele afirma é que uma vez rico ou pobre, precisavam viver de maneira piedosa e coerente com aquilo que Cristo havia ensinado para todos os homens. Pobres e ricos deveriam entender que a maneira econômica que viviam não deveria de maneira alguma influenciá-los na forma de tratarem a seus semelhantes: exaltando ricos e menosprezando pobres. Era preciso viver a lei do amor e da consideração ao outro. Era preciso atitudes de amor e de bondade, não por simples palavras, mas com demonstrações práticas, porque Deus decidiu ser amado no outro (ZUCK, 1994).

Atualidade: Casas de Paraisópolis e prédio de luxo no Morumbi: separados por um muro, com estatísticas bem diferentes

---

Disponível em: https://www.bbc.com/portuguese/brasil-51406474

CAPÍTULO 5

Tiago, uma carta atual

É incrível a contemporaneidade da carta de Tiago. Os problemas enfrentados naquela época, século I, fruto da indignação e exortação do autor, se fazem presentes em nossos dias. Hoje, não é difícil perceber como as igrejas estão abarrotadas de pessoas que com suas certezas particulares, dizem ser seguidoras de Cristo, contudo, são declarações vazias, ausentes de demonstrações práticas e verdadeiras; com uma fé superficial suas atitudes contradizem o que afirmam categoricamente. Essas, urgentemente, precisam beber na fonte da carta de Tiago. Por essa razão, pontuaremos neste capítulo alguns resgates necessários de Tiago para nossos dias.

5.1. Uma carta para nossos dias

Sabemos que Tiago tem a intenção de mostrar a todos nós que a fé precisa vir acompanhada de praticidade, e que a partir disso venha a transformação de vida, santidade e retidão. Caso essa fé não seja pautada nessa transformação prática ela é morta, fruto de uma doutrina vazia que somente vai na direção e na linha da capacidade humana, nada além disso. Em Cristo vamos adiante, caminhamos em direção à perfeição da vida cristã, seguindo não ideologias, mas ações efetivas, práticas, fincadas no chão dessa existência sob a égide de Cristo.

D. A.Hayes sintetiza a realidade de muitos cristãos da atualidade sobre a dubiedade e falta de praticidade cristã.

> Há aqueles que falam da santidade e são hipócritas; os que professam o amor perfeito, mas que não vivem em paz com os irmãos; aqueles que ostentam muita fraseologia religiosa, mas fracassam na filantropia prática. Esta epístola foi escrita para eles. Talvez não lhes dê muito consolo, mas deve ser-lhes muito útil. O misticismo que se contenta com sistemas e frases religiosas, mas negligencia o sacrifício real e o serviço devotado, encontrará aqui o seu antídoto. O antinomianismo[44] que professa grande confiança na livre graça, mas que reconhece a necessidade de uma vida pura correspondente, deve estudar a sabedoria prática da epístola. Os "quietistas"[45] que se contentam em sentar-se e cantar para conseguir a felicidade eterna, devem ler esta epístola até sentirem a sua inspiração, a fim de apresentarem ativamente as boas obras; todos aqueles que são fortes na teoria e fracos na prática, devem mergulhar no espírito de Tiago; e como há muita gente deste gênero em cada comunidade em todas as épocas, a mensagem da epístola nunca envelhecerá (PEARLMAN, 2006, p. 395).

Com essa noção de uma carta atual apresentaremos pontos que precisamos resgatar em nossos dias.

5.1.1. O difícil caminho da cruz

Existe na atualidade uma tentativa de amenizar o caminhar com Cristo com novas propostas e tentativas de assimilação com os padrões impostos pela sociedade sem Cristo, porém o caminho da cruz não faz tais concessões. Os valores e prioridades da vida cristã sempre serão vistos como ameaçadores e provocam desconfortos em muitas pessoas. Falar e viver o que Jesus ensinou é ter a noção de que podemos ser perseguidos pelo que professamos; e mais, tais diversidades ou perseguições precisarão ser vistas como um processo que faz parte da dinâmica da vida enquanto seres humanos e conhecedores da verdade. Cristo nos disse que quando fossemos maltratados, perseguidos e caluniados por serem seguidores dele, isso seria bom; deveríamos ficar

44 **Antinomianismo**: Declaração que afirma que somente a fé é necessária para a salvação, mediante o evangelho da graça. Não necessitando nenhuma outra obrigação da lei.

45 **Quietismo**: Doutrina ou prática espiritual que nasce no século XVII. Afirma que é possível alcançar a Deus por meio da oração contemplativa, da quietude e da passividade da alma.

contentes com isso, porque uma grandiosa recompensa nos esperaria no céu (Mt 5.11,12). Diante dessa verdade é triste pensar como muitos não aceitam mais esse princípio bíblico (COMFORT, 2009).

O fato é que vivemos num mundo pecaminoso e o mestre havia nos alertado sobre essas dificuldades. Pensar diferente é ir contra os ensinos do Evangelho. Crer numa associação passiva ou criar meios de florear os ensinos de cristo para deixar mais palatável para o mundo é contrariar e negar o sacrifício de Cristo na cruz. Deus não prometeu isentar ou poupar ninguém de dificuldades, também não prometeu saúde perfeita ou riquezas sobejas, mas prometeu sim, estar conosco todos os dias, nos ajudando naquilo que enfrentaríamos.

Tiago ainda grita em nossos ouvidos para que enfrentemos com intrepidez e ousadia as dificuldades como prova de fé em nosso salvador, pois isso nos fará maduros. Também nos convida a sensatez para sabermos de fato quais são as provações externas ou aquelas que provocamos como fruto de nossa natureza pecaminosa (1.13-15). Muitos se queixam das provas, mas na verdade, essas "provações" são consequências de suas próprias ações, desejos egoístas e má interpretação da vontade de Deus, o que tem gerado desarranjos na vida.

5.1.2. Aos que querem ensinar

Pela carta percebe-se que na época de Tiago muitos queriam ensinar, mesmo que faltassem qualificações. Hoje ainda temos essa realidade. Os que almejam o ensino precisam entender que existe sim uma responsabilidade por parte do povo, porém na Bíblia a responsabilidade maior é daquele que ensina, por isso serão julgados com maior rigor (3.1,2). O que um pregador fala terá impacto direto no povo, ficando claro que o povo é o que o pregador também é.

Infelizmente falta em nossos dias o "espírito" dos bereanos[46], pessoas que conferiam nas escrituras o que está sendo dito ou ensinado. Muitos em nossa atualidade escutam passivamente o que o suposto profeta tem a dizer. São ouvintes que não sabem discernir a mão direita da esquerda (Jonas 4.11), por isso caem nas mãos de pregadores vendidos, profetas luxuosos, obreiros gordos de conforto e fama, missionários inescrupulosos. Muitos desses "ensinadores" até conhecem a verdade, mas decidiram por comodismo pessoal, pregar um outro evangelho. A

46 **Bereanos**: Eram cidadãos da cidade de Beréia, cidade no sul da Macedônia, onde Paulo, vindo de Tessalônica, pregou o Evangelho. As pessoas que aceitaram a pregação e se converteram passaram a examinar as Escrituras Sagradas, conferindo o que Paulo havia dito, se estava em conformidade com o texto; por essa razão foram chamados de mais nobres, do que os de Tessalônica (Atos 17.10-12).

esses a Bíblia diz: "*Aquele, porém, que não soube a vontade do seu senhor e fez coisas dignas de reprovação levará poucos açoites. Mas àquele a quem muito foi dado, muito lhe será exigido; e àquele a quem muito se confia, muito mais lhe pedirão*" (Lucas 12.48). Tanto no NT como em Tiago as maiores consequências virão sobre aquele que diz que sabe. Isso fica claro nas palavras de Paulo, Pedro, Judas e João.

A orientação aos que querem ensinar ou pregar é que fale somente o que foi revelado, nada além disso. Fique naquilo que Cristo e seus apóstolos ensinaram. Infelizmente não são poucos os que querem propor novidades, novas revelações, e isso é um grande erro. Outro equívoco cometido é o de dar opiniões que se chocam com o ensino de Jesus. Precisam entender que são responsáveis por qualquer distorção, qualquer engano, qualquer semente da palavra modificada, ou qualquer rumo errado que alguém tenha tomado por um ensino distorcido e antibíblico. A esses, Cristo diz que é melhor que se joguem ao mar com uma enorme pedra amarrada ao pescoço, ao invés de prejudicarem a alma dos pequeninos na fé (Lc 17.2).

Os pregadores da atualidade ainda precisam saber que o conhecimento ou as informações adquiridas não serão suficientes; é preciso pregar com fé. É por essa e outras razões que Tiago declara que um neófito na fé não deveria pregar, pois precisa de tempo. Uma dica é: Quer pregar? Comece por sua casa, no meio dos seus. Se lá não consegues dar testemunho de salvo em Cristo, como seria possível dar tal testemunho em meio à multidão?

Sabemos que a seara é grande, e poucos são os ceifeiros, contudo, quem envia trabalhadores não somos nós, mas o dono da seara (Mt 9.37). A nós cabe a responsabilidade de pedir ao dono da ceifa.

5.1.3. A falta de amor

O zelo exagerado tem levado muitas pessoas a cometerem erros infantis e até mesmo grotescos na tentativa de professarem sua fé. Discursos polidos e ensaiados não são suficientes para exaltarem a prática genuína da graça de Cristo Jesus. Não são poucos os que se negam a crer num evangelho de renúncias e de provações para glória de Deus, daí maquiam a graça, se mostram como defensores de um evangelho que se molda aos padrões desse mundo. Jesus ao falar aos discípulos que sofreria e seria morto, foi censurado por Pedro, dizendo que nada daquilo aconteceria. Jesus voltou-se para ele e disse: *afasta-se de Mim, Satanás*! Esse era o mesmo Pedro que havia recebido a revelação, agora recebendo uma grande repreensão (Mt. 16.23). Mais tarde tentando defender a honra de Jesus, armado com uma espada, cortou a orelha de Malco, servo do sumo sacerdote, levando outra repreensão de Cristo.

Diante do quadro em que vivemos é perceptível a sina zelosa das pessoas. Casos de violência contra crianças e a corrupção deixa transparecer no imaginário coletivo um zelo em querer que o mundo se conserte, que aprume. A questão maior tem sido em como, ou quais são as maneiras de resolução das pessoas para o problema. Uns querem pegar em armas, outros querem a morte de todos bandidos, outros creem que sua visão partidária ou religiosa ditará o sucesso do mundo, outros almejam um reino político cristão nessa existência, quando Cristo disse que seu reino não era daqui; outros preferem não contribuir de nenhuma maneira uma vez que acreditam que isso é obra de Deus ou do diabo, sendo impossível qualquer participação na tentativa de melhora da humanidade. Enfim, é incrível como as pessoas têm respostas para tudo, mesmo que suas respostas não deem conta de responder a nada. Possuem óculos de visualização da vida que são distintos baseado na necessidade e ocasião. Na igreja usam o óculos do amor para amarem seus "iguais"; na empresa usam o óculos da "esperteza" pois o mundo é dos espertos; no casamento, usam o óculos da "hipocrisia" porque o que vale é a aparência de que está tudo bem; diante de um inimigo, usam o óculos do "ódio", pois afinal de contas não possuem "sangue de barata", e odiar alguém malvado parece ser legítimo; diante dos que cometem erros, usa-se o óculos da "intolerância", pois seu zelo perpassa o esforço de viver com os desiguais, e na sua cabeça isso não tem nada ver se sou de uma "igreja" ou não.

O que não entendem é que não dá para mudarmos os "óculos" conforme a ocasião. Esse é o problema: uma vida completamente fragmentada e que automaticamente engendrará a maior parte das dificuldades que enfrentamos, e que insistimos em classificá-las como coisas da existência ou do tempo presente. É preciso saber que aquilo que temos como verdade ou convicção, ou automatização no uso dos óculos baseado na ocasião, por certo influenciará todas as áreas de nossas vidas.

Esses óculos que usamos para enxergar a vida se configuram no que chamamos de zelos, ou princípios que temos como base da nossa caminhada. Com o passar do tempo vamos somando zelos, pudores, princípios que julgamos serem coerentes com nossa maneira de viver; fruto do que aprendemos com as instituições: família, igreja, sociedade. Com o tempo nossos discursos ficam distantes do que apresentamos na prática, assim como os leitores de Tiago, pois vivemos práticas e discursos fragmentados, que dependem da situação. A grande questão a ser pensada é que se fragmentamos tanto nossa forma de olhar devido as instituições que fazemos parte, é porque não temos um "óculos mor": o amor. Esse amor pregado por Tiago, não tem sido a maneira com que olhamos as nuanças da vida.

Conforme Tiago alerta seus leitores, nossos zelos escondem nossos interiores, a falta de amor; são camuflagem de aparência pura. Por isso viraram escravos dessa falta de compaixão e amor, não conseguindo viver bem, não tendo a clareza do brilho da vida, sempre tendo falta de algo mesmo vivendo em constante procura; vivem empenhados, mas tristes, abatidos; dizem ser seguidores de cristo, mas trocam o ser pelo ter; são vazios de tudo e cheios de nada; decifram o mundo a partir de suas frustrações. São egoístas, avarentos, presunçosos, desobedientes aos pais, ingratos, irreconciliáveis, caluniadores, sem domínio próprio, cruéis, traidores, precipitados, soberbos. De vidas amarguradas e sem sentido, vivem dopados e com a falsa sensação de dever cumprido.

Jesus em Mateus 24.12 afirma que o pecado andaria solto por todas as partes e que o amor de muitos se esfriaria. Tiago diz, reafirmando o desejo de Cristo aos seus discípulos, que é bom quando nós verdadeiramente obedecemos a ordem de amar e ajudar os nossos semelhantes, tanto quanto amamos e cuidamos de nós mesmos. Mostrar interesses ou predileção a determinadas pessoas em detrimento de outras é contrariar os ensinos de Jesus, e é pecado. Como já dito, em nossos dias o amor tem estado em desuso. Os cristãos da atualidade têm vivido relacionamentos utilitaristas; amam por interesse; somente aceitam os que são de seu convívio social ou instituição; odeiam quem pensa ou age de forma diferente.

Na verdade, o mundo carece de compaixão, de misericórdia. Nossas demonstrações de amor precisam ser práticas. Nossos sermões ou discursos precisam ser materializados em alimentos, abrigos, atendimentos médicos, orientação, amizade, abraços, afeto, em assistência social. Essa verdade está nas palavras de Jesus em Mateus 25 quando ele diz a um grupo específico que iriam para o fogo eterno preparado para o diabo e seus demônios; isso porque Cristo esteve com fome e sede, e não lhe deram o que comer ou beber; Cristo diz ter sido um estranho e os seus ditos seguidores lhe recusaram hospedagem; Jesus ainda disse que esteve nu, doente e na prisão, contudo não lhe vestiram, e não foram lhe visitar. Para espanto de todos que questionam em que circunstâncias Cristo fora encontrado assim, Ele então diz:

Quando se recusaram a socorrer ao menor destes meus irmãos, vocês estavam recusando ajuda a Mim. Percebe-se que Cristo está nas sarjetas, preso, padecendo fome e frio nas ruas, está debaixo de viadutos, doente em hospitais; enquanto muitos acham que ele está nos grandes eventos, nos luxuosos templos ou em pomposos seminários.

Por essa e por outras razões as palavras de Tiago aos seus leitores é atual e merece toda credibilidade: "*Se vocês, de fato, observam a lei do Reino, conforme está na Escritura: "Ame o seu próximo como a si mesmo", fazem bem*" (Tiago 2.8).

UNIDADE III

AS CARTAS UNIVERSAIS DE PEDRO

Embora a primeira e a segunda carta de Pedro tenham ênfases distintas, ambas, foram escritas por um mesmo autor. Tais epístolas nos oferecem profundas contribuições diante dos problemas que os destinatários estavam enfrentando. Os leitores eram cristãos judaicos, dispersos pelas muitas províncias da Ásia Menor, embora também seja incluído os gentios convertidos que também estavam nessas igrejas. Na primeira epístola a intenção de Pedro era encorajar seus leitores diante das perseguições que sofriam pelos pagãos; na segunda o autor, já próximo da morte, busca alertá-los de maneira afetuosa, sobre os inimigos internos, além de avisa-los acerca dos equívocos que tristemente começavam a adentrar as comunidades cristãs.

Nessa unidade de cinco capítulos trabalharemos a seguinte divisão: No primeiro capítulo dedicaremos aos detalhes da vida do apóstolo Pedro; no segundo será abordado a primeira carta e seu contexto; no terceiro capítulo será analisado questões relacionadas a data, conteúdo e a teologia da carta; no quarto capítulo focaremos no contexto da segunda carta de Pedro; por fim, no quinto capítulo trabalharemos os contrastes, conteúdo e ensinos da carta.

CAPÍTULO 1

A vida do apóstolo Pedro

Um dos doze apóstolos de Cristo, Pedro foi sem dúvidas um líder e pregador com características singulares. Sendo, quem sabe, o menos auspicioso[47] dentre todos os demais discípulos, por conta de caráter vacilante, impetuoso e impulsivo; contudo era intenso e sincero. Neste capítulo falaremos sobre a vida desse apóstolo tão conhecido, sua conversão, liderança e ministério.

1.1. Quem foi Pedro

Simão Pedro, filho de Jonas, juntamente com seus irmãos, eram pescadores de Cafarnaum, na Galiléia (Mt. 4.18). Parceiro de Tiago e João, seu temperamento era conhecido entre os galileus, local em que seus habitantes ficaram conhecidos pela energia e franqueza. Algo também característico dessa religião era a fala de Pedro (Mc 14.70; At 2.7). Muito provavelmente Pedro já era casado antes de ter recebido o chamado de Jesus para segui-lo, isso porque a cura de sua sogra está descrita após sua chamada em Mt. 8.14. Além disso, foi acompanhado de sua esposa em viagens missionárias (I co 9.5).

Foi discipulador de João Marcos, o autor do livro de Marcos; inclusive chamando de "meu filho Marcos", algo comum aos que faziam menção a seus discípulos.

47 **Auspicioso**: Aquele em que há boas chances, boas consequências; que dá esperança de bons efeitos; ou bons resultados; que tende a ser promissor.

1.2. Conversão de Pedro

Pedro e seu irmão André seguiam João Batista, que em determinada ocasião indicou aos irmãos que Jesus era o cordeiro de Deus (Jo 1.29). Crendo nas palavras de João Batista, na ocasião em que Jesus esteve em Betânia (Jo1.28), André apresentou Simão a Jesus (Jo 1.40,41). Nesse momento Cristo deu-lhe o nome de Cefas (Jo 1.42). Pedro passa a seguir o mestre, inclusive estando com Jesus nas bodas de Caná, ocasião do primeiro milagre de Cristo (Jo 2.1-11). Após acompanhar Cristo em uma viagem para Judéia (Jo 2.12; 4.4), voltou a sua antiga ocupação de pescador em Cafarnaum (Jo. 4.43). Não se sabe ao certo, mas ao que parece esse primeiro encontro com Cristo não teve o impacto necessário em Pedro para que abandonasse de fato sua vida de pescador; ou quem sabe somente esperava maiores instruções. Mais tarde Jesus o chama, estando Pedro com seus amigos pescando no mar da Galiléia; eles deixaram suas redes para se tornarem "pescadores de homens" (Mt 4.18-22). Num segundo momento Pedro recebeu a confirmação desse chamado quando Cristo fez a escolha dos doze (Mc 3.13-19). Foi após essa ocasião que aconteceu sua chamada ministerial definitiva, agora sendo um dos doze apóstolos (Mt 4.18-22; Mc 1.16-20; Lc 6.12-16), e como o discípulo mais notório.

1.3. A liderança do apóstolo Pedro

O temperamento aguerrido impulsionou Simão a condição de liderança entre os apóstolos, mesmo que extra oficialmente. Ao olharmos os evangelhos percebemos um Pedro que regularmente agia como porta-voz dos demais discípulos e normalmente é mencionado primeiro, quando se tem a lista dos nomes dos apóstolos. Era comum aos escritores do NT mencionarem primeiro o nome daqueles que exerciam maior presença ou importância, quando falavam sobre duplas, grupos ou equipes (Mt 14.28; 15.15; 18.21).

Pedro não somente ficou conhecido por seu temperamento ou sua personalidade, mas também por sua conduta devotada ao mestre Jesus. Essa característica fez com que Pedro participasse do círculo mais íntimo dos discípulos e de Cristo, sendo o discípulo mais mencionado no NT em comparação com os demais, que mesmo juntos não chegam ao número de vezes que Simão é citado, além de ser uma presença marcante e poderosa na igreja primitiva.

1.4. Ministério de Pedro

Pedro viveu seu ministério com o Messias de maneira intensa. Na ocasião em que Cristo ressuscitou a filha de Jairo esteve presente (Mc 5.37); também teve a honra e privilégio de andar sobre as águas indo ao encontro de Jesus (Mt 14.28-31). É ele quem confessa que Jesus era "o Cristo, o filho do Deus vivo", e foi abençoado por Ele (Mt 16.13-20), assim também como foi aquele que censurou Cristo, sendo repreendido logo em seguida (Mt 16.22,23). Foi um dos discípulos que esteve com Cristo no monte da transfiguração (Mt 17.1-4); achou a moeda para pagar tributo na boca de um peixe (Mt 17.24); questionou Jesus sobre o perdão (Mt 18.21); ouviu sobre a promessa de glória futura aos que abandonaram tudo para seguir a Cristo (Mt 19.27-30); teve a honra de ouvir de Jesus acerca da queda de Jerusalém e do fim dos tempos (Mc 13); e com João, preparou a última ceia (Lc 22.8).

Na ocasião da última ceia, alguns acontecimentos marcariam o ministério de Pedro. Vendo Jesus lavar os pés dos discípulos se negou a ter os pés lavados pelo mestre (Jo 13.6-9), além de pedir para João questionar Jesus para saber quem seria o traidor (Jo 13.24). Em determinada ocasião foi enfático ao declarar sua fidelidade pela causa do Messias, mas foi contrariado por Cristo, que afirma que Cefas o negaria três vezes antes que o galo cantasse (Mt 26.33-35). Após a ceia, Pedro acompanhou Jesus e os demais discípulos ao Getsêmani (Mt 26.36), lá não suportou ficar acordado com Cristo, não sendo solidário com o sofrimento que o mestre apresentava: "*minha alma está triste até a morte*". Pedro, mesmo tendo a recomendação de que era preciso vigiarem, foi pego algumas vezes dormindo (Mt 26,43). Nesse mesmo local, ao chegar os soldados para capturarem Jesus, Pedro corta a orelha de Malco, servo do sumo sacerdote (Jo 18.10,26), e é repreendido por Cristo por estar armado: "*Coloque a espada de volta no seu lugar, pois todos os que lançam mão da espada à espada perecerão*" (Mt 26.52).

Logo em seguida ao episódio da prisão de Jesus, Pedro passa a segui-lo de longe, adentrando posteriormente por intermédio de João no recinto do sumo sacerdote (Jo 18.16) onde Jesus era interrogado. Foi nesse ambiente que Simão nega Jesus por três vezes: para a porteira (Jo 18.16-17), para os que estavam diante da fogueira (Jo 18.25), e para um parente de Malco (Jo 18. 26-27). Os que o interpelaram queriam saber se ele conhecia ou andava com Jesus. Diante das negações, Pedro escuta o canto do galo. Sai do ambiente e chora amargamente (Mt 26.69-75). Percebe ali o quanto Jesus estava certo ao tê-lo avisado que Cefas não o amava o suficiente para morrer pela boa causa. Triste e arrependido, suas presunções e intrepidez arrogante vão ficando para trás, o que mais tarde seria útil para um bate papo em particular com

Cristo.

Já no domingo da morte de Jesus, Maria Madalena, Maria e Salomé foram ao túmulo com óleos aromáticos. Jesus já havia ressuscitado, e as mulheres recebem a incumbência de avisarem aos discípulos sobre a ressurreição, e em especial à Pedro (Mc 16.7). As mulheres entregam o recado aos discípulos, bem como a particularidade do recado a quem era de direito, fazendo com que Pedro e João corressem ao sepulcro conferir o que havia sido dito (Lc 24.11-12). Cristo ainda apareceria para Pedro numa ocasião especial e particular (Lc 24.34; I Co 15.5).

1.4.1. Apascenta minhas ovelhas

Após os episódios relacionados à ressurreição, Pedro por alguma razão decide não esperar mais e retorna a seu antigo ofício, sendo acompanhado por outros (Jo 21.3); foi ali que Jesus apareceu, quando os pescadores não conseguiram pegar nada a noite toda. O mestre então orienta-os em que direção jogar a rede, favorecendo-os com muitos peixes. Foi nessa ocasião que um dos discípulos, provavelmente João, avisa que a ordem havia partido de Jesus; Pedro constrangido em ter diante dele alguém que não somente havia negado, mas negligenciado, voltando a sua antiga profissão, coloca a túnica e se lança ao mar (Jo 21.7).

Os demais discípulos, dada a proximidade com a margem, rapidamente chegam até Jesus que já havia preparado peixe assado e pão. Pedro vem logo atrás e todos constrangidos, mas com a certeza de que aquele era mesmo o Messias, se alimentam. Após comerem, Jesus questiona Pedro se ele de fato o amava (Jo 21.15-17). A impressão é que Jesus queria mostrar ao próprio Pedro o quanto, antes, suas palavras eram vazias, quando disse que não abandonaria Cristo; no máximo reconhecia-o como Senhor, mas não estava disposto a morrer de fato. Após questionar pela terceira vez, Pedro entristecido esboça que Cristo sabia de todas as coisas. É nesse momento que as certezas são desfeitas, as presunções caíram por terra, a altivez não se sustenta, ficando somente a confiança em Cristo Jesus. Jesus então pede para que Pedro apascente suas ovelhas; e não só isso, ainda disse que chegaria o momento em que o apóstolo não teria condições de ao menos colocar suas próprias vestes (Jo 21.18); Jesus se referia a ocasião em que Pedro seria preso e morreria em favor da causa do mestre.

1.4.2. Líder na igreja primitiva

Pedro, mais empenhado do que nunca esteve presente quando

os discípulos receberam a responsabilidade da grande comissão (Mt 28.16-20), bem como viu a ascensão do Senhor (Lc 24.44-53); Foi nosso apóstolo que sugeriu que um outro apóstolo fosse colocado no lugar de Judas (At 1.15-25); também foi o responsável por uma linda pregação no dia de pentecostes (At 2.14-40); pelo poder do Espírito Santo curou um coxo, discursou e foi preso (At 3;4.1-26).

Muitos outros eventos aconteceriam na vida desse apóstolo:

· Confrontou a mentira de Ananias e Safira (At 5.1);

· Com João foram a Samaria a fim de confirmar convertidos (At 8.14);

· Simão Mago pede a Pedro que venda o poder do Espírito Santo (At 8);

· Encontrou-se com Paulo (At 9.26);

· Curou Dorcas e Enéias em visita às igrejas do sul da Palestina (Atos 9.32-43);

· Aceita o fato de que gentios poderiam receber a Cristo (At 10);

· Na ocasião do batismo de Cornélio e de sua família, precisou se defender dos judeus que negavam a salvação de pagãos (At 11.18);

· Teve a prisão decretada por Herodes Agripa I, em seguida foi liberto milagrosamente (At 12.3);

· Vai para Jerusalém para discutir com os demais apóstolos sobre circuncisão (At 15);

· Em Antioquia é repreendido por Paulo (Gl 2.11-14) e aceita com humildade a repreensão (II Pe 3.15).

1.5. Últimos dias de Pedro

Pouco se sabe sobre os últimos dias de Pedro. As informações obtidas são incertas. O que temos como probabilidades é que Simão teria saído de Antioquia em direção a Jerusalém, ficando por lá por muito tempo. A tradição também apresenta que mais tarde, Pedro teria ido para Roma, local onde foi crucificado de cabeça para baixo a pedido, dizendo não ser digno de ser crucificado como seu mestre; cumprindo o que Jesus havia lhe dito em João 21.18,19.

Apesar da forte tradição, não temos evidências históricas que corroborem este evento. Independentemente dos detalhes, o certo é que o apóstolo Pedro realmente foi morto como mártir no período da famosa perseguição que foi engendrada pelo imperador Nero, por volta do ano 64-67 d.C.

1.6.1. Pedro, um homem transformado

O apóstolo Pedro em todas as suas idiossincrasias[48] demonstrava ser alguém exatamente como a maioria dos seres humanos. Agia mal e por impulso ao ser pressionado, falava muitas vezes sem pensar, contudo, foi a grande demonstração da transformação e do poder do Evangelho de Cristo Jesus na vida do pecador. É nítida a diferença entre o Pedro que foi chamado sendo ainda um pescador, homem rude e com olhares exclusivistas sobre a salvação, e o líder que se tornou na condução da igreja primitiva, ampliando sua visão segundo os óculos de Cristo, que a mensagem de salvação era para todo o mundo.

A vida de Pedro nos mostra que grande é a misericórdia do criador aos que mesmo sem qualificações decidem ficar ao lado de Cristo. Outro fator importante a ser considerado é que mesmo com a proximidade de Pedro com Jesus, isso não o isentou de erros pontuais, mas que foram corrigidos ao longo do tempo, fazendo-o um servo obediente, verdadeiro, destemido, morrendo inclusive por aquilo que acredita, a nobre causa do Evangelho de Jesus.

---

48 **Idiossincrasias**: Disposição do temperamento do indivíduo, que faz que ele sinta de um modo peculiar a influência de diversos agentes; maneira de ver, sentir, reagir próprio, especial, de cada pessoa.

CAPÍTULO 2

I Pedro: contexto e afins

A carta de I Pedro é um grande exemplo de como o autor cumpriu sua missão dada por Jesus (Lc 22.32). Ele foi purificado e confirmado pelo sofrimento e amadurecimento; ousou e se permitiu ser mudado e transformado por Cristo. Agora poderia pronunciar palavras de encorajamento que aprendera com o mestre aos cristãos que passavam por diversas provações.

Neste capítulo abordaremos o contexto histórico da carta, local da escrita, autoria, destinatários, canonização e esboço.

2.1. Uma carta necessária

Diante de uma grande perseguição, Pedro escreve à dispersos orientando-os que era preciso terem forças, caráter e coragem, e que tudo seria suprido pela graça de Deus (5.10). A intenção do nosso apóstolo era de anunciar a suficiência da graça do evangelho puro de Cristo, e de como essa suficiência seria aplicada de maneira prática na vida cristã, deixando claro que seu texto é alinhado aos ensinamentos do mestre da Galiléia. A carta está repleta de recordações e memórias de um conhecimento pessoal e íntimo com Cristo; ou seja, muito do que Pedro fala na epístola aprendeu com Jesus (PEARLMAN, 2006).

Tabela comparativa: Palavras de Jesus e do apóstolo Pedro em sua primeira carta.

JESUS	PEDRO
Pois em verdade lhes digo que muitos profetas e justos desejaram ver o que vocês estão vendo, mas não viram; e quiseram ouvir o que vocês estão ouvindo, mas não ouviram **(Mateus 13.17)**	Para que, uma vez confirmado o valor da fé que vocês têm, muito mais preciosa do que o ouro perecível, mesmo apurado pelo fogo, resulte em louvor, glória e honra na revelação de Jesus Cristo. Mesmo sem tê-lo visto vocês o amam. Mesmo não o vendo agora, mas crendo nele, exultam com uma alegria indescritível e cheia de glória, obtendo o alvo dessa fé: a salvação da alma. Foi a respeito desta salvação que os profetas indagaram e investigaram. Eles profetizaram a respeito da graça destinada a vocês, **(1 Pedro 1.7-10).**
Depois de terem comido, Jesus perguntou a Simão Pedro: — Simão, filho de João, você me ama mais do que estes outros me amam? Ele respondeu: — Sim, o Senhor sabe que eu o amo. Jesus lhe disse: — Apascente os meus cordeiros (João 21.15).	que pastoreiem o rebanho de Deus que há entre vocês, não por obrigação, mas espontaneamente, como Deus quer; não por ganância, mas de boa vontade; **(1 Pedro 5.2).**
— Simão, Simão, eis que Satanás pediu para peneirar vocês como trigo! (Lucas 22.31).	Sejam sóbrios e vigilantes. O inimigo de vocês, o diabo, anda em derredor, como leão que ruge procurando alguém para devorar **(1 Pedro 5.8).**

2.2. Contexto histórico

Como forma introdutória precisamos viajar no tempo para os anos sessenta do primeiro século da era cristã, na Ásia menor (hoje Turquia). O movimento cristão não era tão novo, já possuía cerca de trinta anos de trajetória e história. O que começou em Israel, ganhou forma e corpo e se espalhou para diversas províncias e regiões. Na Ásia menor havia diversos Judeus que antes estiveram em Jerusalém e presenciaram o belíssimo e inflamado discurso do apóstolo Pedro (Atos

2), não somente por essa razão, mas também encontraram Cristo por meio das pregações de Paulo. Uma vez convertidos, retornavam para suas casas e anunciavam a Cristo, fazendo com que a igreja crescesse cada vez mais (MUELLER, 2006).

Apesar do exponencial crescimento, estamos falando de um movimento cristão que ainda não era estruturado no quesito institucional. Era baseado numa organização local simples que variava de uma região para outra. Não tinham uma instituição hierárquica em suas variadas ramificações, mas diversas comunidades domésticas que foram se espalhando pelo mundo, vivendo a informalidade das reuniões com profundas transformações de vida, alicerçadas na fé e testemunho vívido do que Cristo fazia na vida de um pecador. Pela grande concentração de cristãos, principalmente no centro e ao norte da Ásia menor, o sofrimento entre esses também era maior; provocado tanto por parte do povo como pelos magistrados pagãos.

2.3. Local da escrita

Em I Pedro 5.13 temos uma indicação do local na qual teria sido escrita essa carta, ou pelo menos enviada: "*Aquela que se encontra **na Babilônia**, também eleita, manda saudações, e o mesmo faz o meu filho Marcos*". O autor ao dizer "*aquela que se encontra na Babilônia...manda saudações*, nos remete a três hipóteses.

Mapa da época. Possíveis locais de escrita

1. **Seria literalmente Babilônia.**

   Essa possibilidade é bem remota, pois a esmagadora maioria dos estudiosos não acredita que nesse tempo alguma missão cristã tenha chegado nessa região da Mesopotâmia.

2. **Uma cidade a nordeste do Egito (Fortaleza de Babilônia).**

   Existia no Egito uma cidade fortaleza próxima ao rio Nilo que ficou conhecida como Babilônia, ou a fortaleza de Babilônia. Essa antiga região é hoje conhecida como Cairo Copta. Teria sido essa região o local da escrita da primeira carta de Pedro? Em se tratando da expansão do cristianismo esta cidade é muito insignificante, sendo distante e remota a possibilidade que

---

Mapa disponível em: https://descomplica.com.br/artigo/voce-sabe-como-surgiu-o-feudalismo/4ym/

alguém tenha escrito aos cristãos da Ásia menor que estavam ao centro e bem ao norte, e mencionaria essa cidade sem maiores explicações. Era evidente que esta cidade não seria conhecida pelos destinatários.

3. O entendimento não é literal, mas simbólico ou figurado.

Tendo a compreensão de que do meio para o final do primeiro século a babilônia havia se tornado para os cristãos uma forma comum de se referir à Roma, capital do império, não é difícil ter o entendimento de que aqui estamos falando de uma babilônia no sentido simbólico. Uma referência a Roma. Portanto, o autor estava em Roma, escrevendo aos distantes destinatários da Ásia menor.

A cidade de Roma possuía uma população de aproximadamente um milhão de pessoas, sendo um grande centro comercial e a maior cidade do império. Vale o conhecimento de como era a civilização romana desse período. Esses, experimentavam um grau elevado de desenvolvimento, e pouquíssimas províncias ficaram aquém desse processo. É certo que com esse avanço tecnológico problemas surgiriam em todos os setores, religioso, político e econômico. A sociedade romana era estamental, seja na capital ou onde chegava o domínio romano, dividida em classes sociais, o que gerava grande desconforto entre as classes mais baixas que viviam às margens da sociedade, buscando sempre seus direitos e novas condições (MUELLER, 2006).

Inicialmente, a fé cristã foi até tolerada em Roma, sendo vista como uma ramificação do judaísmo. Mas à medida que o tempo passava foi autorizado a captura e tortura de cristãos. O imperador Nero (54-68), governo do período em questão, assassinou muitos cristãos, inclusive acusando publicamente os cristãos que estavam em Roma de terem incendiado a cidade, dando-lhe ainda maior legitimidade para as atrocidades cometidas. Sobre isso Philip (2009) diz:

> O imperador acusou publicamente os cristãos da cidade, o que lhe deu uma desculpa pra atrocidades terríveis, que incluíam atirar os crentes a cães selvagens no Coliseu, como um espetáculo. Durante estas terríveis perseguições, os crentes eram forçados a escolher entre o imperador e Cristo. Aqueles que escolhiam Cristo frequentemente morriam pela sua fé. acredita-se que tanto Paulo quanto Pedro tenham

> sido vítimas do reinado de terror de Nero (COMFORT, 2009, p. 698).

Por certas essas perseguições governamentais tiveram impacto na igreja, contudo, também precisamos levar em consideração outras perseguições mais locais, que fizeram com que o apóstolo Pedro escrevesse para advertir os cristãos que enfrentavam tais provações e tentações, levando em consideração que provavelmente a carta foi escrita um pouco antes do ápice da perseguição de Nero.

> Nisso vocês exultam, embora, no presente, por breve tempo, se necessário, sejam contristados por várias provações, (1 Pedro 1.6).
> Pois que glória há, se, pecando e sendo castigados por isso, vocês o suportam com paciência? Se, entretanto, quando praticam o bem, vocês são igualmente afligidos e o suportam com paciência, isto é agradável a Deus (1 Pedro 2.20).
> Mas, mesmo que venham a sofrer por causa da justiça, vocês são bem-aventurados. Não tenham medo das ameaças, nem fiquem angustiados (1 Pedro 3.14).
> Porque, se for da vontade de Deus, é melhor que vocês sofram por praticarem o bem do que praticando o mal (1 Pedro 3.17).
> Pelo contrário, alegrem-se na medida em que são coparticipantes dos sofrimentos de Cristo, para que também, na revelação de sua glória, vocês se alegrem, exultando (1 Pedro 4.13).
> Por isso, também os que sofrem segundo a vontade de Deus entreguem a sua alma ao fiel Criador, na prática do bem (1 Pedro 4:19).

Por fim, com todas essas recomendações, Pedro diz palavras de esperança e de encorajamento, além das instruções práticas de como viver (1.13-21; 2.1-3, 11-25; 3.1-17; 4.1-11; 5.1-9).

2.4. Cristãos marginalizados na vida social

Olhando todo o contexto e as questões acerca da vida religiosa, política, e econômica do povo nesse tempo, os cristãos eram uma amostra dessa realidade. É bem provável que a maior parte deles viessem de classes baixas (operários, lavradores, artesãos). Outro ponto a ser observado e levado em consideração é que parte desses cristãos eram estrangeiros e não possuíam liberdade de acesso aos direitos de cidadania nessas localidades. (MUELLER, 2006).

Se essas condições de vida já eram difíceis, a nova fé que agora decidiram viver geraria ainda mais problemas. Isso porque a fé cristã implica abandono de práticas que eram cultivadas e veneradas na sociedade, o que gerou naquela sociedade não cristã todo o tipo de reação. Por exemplo, alguns que já estavam desencantados com a sociedade da época e com a religião vigente, acabaram vendo na fé cristã uma espécie de alternativa religiosa para a elaboração de uma nova sociedade. Existiam também aqueles que olhavam para os cristãos com suspeitas, desconfiavam das reuniões secretas que faziam. Haviam também os que viam o movimento cristão como desprezo a cultura e insubordinação da sociedade, uma falta de patriotismo. E havia os que viam os cristãos como querendo ser melhor que os outros, uma espécie de arrogância religiosa e social.

Diante desse expediente um ambiente hostil foi criado para essa nova religião e seus adeptos. Era algo que vinha de fora. Além do sofrimento moral e psicológico, os cristãos ainda precisariam conviver com eventuais violências físicas, maus tratos, crise econômica, desemprego. Além disso começariam a surgir os problemas internos: conflitos no casamento, atritos entre irmãos, líderes que mesmo num tempo de dificuldade estavam fazendo mau uso do dinheiro.

2.5. Autoria

Logo no início da carta encontramos: "*Pedro, apóstolo de Jesus Cristo, aos eleitos que são forasteiros da Diáspora no Ponto, na Galácia, na Capadócia, na Ásia e na Bitínia*". Era costume da época, começar uma carta dizendo quem escrevia e a quem se estava escrevendo. Em cartas longas, que iam em formato de rolo, o nome do destinatário e do autor ia do lado de fora, isso para favorecer a leitura sem precisar abrir o rolo. Obviamente isso não impedia que os nomes fossem repetidos do lado de dentro.

Pedro era um personagem conhecido e profundamente respeitado na igreja primitiva. Também conhecido como presbítero (5.1), alguém experimentado, mais velho, foi um dos apóstolos de Jesus, testemunha dos sofrimentos de Cristo.

Antes de continuarmos precisamos considerar o descrito no capítulo 5 e versículo 12: "*Por meio de Silvano, que considero um irmão fiel, escrevo para vocês de forma resumida, exortando e testemunhando que esta é a genuína graça de Deus. Continuem firmes nessa graça*". Essa importante informação nos leva ao entendimento de que Pedro escreveu por meio de Silvano[49], alguém bastante conhecido entre os leitores. Silvano foi quem redigiu, empregando na carta todo seu estilo, além de tê-la levado ao destino, enquanto que Pedro ditou-a. Essa carta chegando ao destino seria lida nas reuniões cristãs onde Silvano a explicaria e ainda contaria seu próprio testemunho (MUELLER, 2006).

Já no versículo 13 ainda do capítulo 5, diz-nos que Pedro estava em Roma, na capital do império; sabendo das condições de seus irmãos resolve escrever uma carta para adverti-los a permanecerem inabaláveis diante dos problemas e adversidades.

2.5.1. Argumentos sobre a autoria Petrina

Alguns estudiosos discordam que foi Pedro, apóstolo de Jesus, o autor da primeira carta que leva o seu nome, elencando diversos argumentos. Tais pesquisadores concluem que a carta é um texto pseudepígrafo; uma falsa autoria. Em proporções ainda maiores aos argumentos contrários, existem aqueles que apontam para o apóstolo Pedro a autoria desta carta. Sobre os argumentos contra e a favor da autoria Petrina nos fala Ênio (2006), apontando os seguintes argumentos:

- **CONTRA**: A carta de I Pedro foi escrita num grego bastante culto, o que impede ter sido o discípulo Pedro o autor. Isso porque o apostolo em questão era um pescador indouto da Galiléia (Atos 4.13). Pedro falava aramaico com sotaque Galileu.

* **A FAVOR**: Existe uma explicação plausível para o excelente grego apresentado na carta, mesmo que nosso autor tenha, no imaginário das pessoas, suas limitações. A cidade da Galiléia era um grande centro urbano e já nessa época vivia profunda influência grega ou helenística. Para escrita dessa carta, Cefas contou com a ajuda de Silvano, aquele que redigiu a carta, transferindo para mesma toda robustez de seu vernáculo[50].

- **CONTRA**: A epístola se limita tão somente a escrever uma teologia paulina. Percebe-se que o autor é mais um discípulo de Paulo do que o apóstolo Pedro com uma tradição independente.

---

49 **Silvano**: Também chamado Silas, foi um cidadão romano (Atos 16.37) conhecido na igreja primitiva. Por indicação dos apóstolos, esteve em Antioquia com Paulo e Barnabé, cooperando, e sendo mais tarde preso em Filipos juntamente com o apóstolo Paulo. Foi quem redigiu a I Carta de Pedro; além de ser co-autor das duas cartas aos tessalonicenses. Silas e Judas Barsabás foram escolhidos para escreverem e anunciarem os acertos no concílio de Jerusalém (Atos 15.22-29, 32).

50 **Vernáculo**: Língua própria de uma região ou país. Uma forma rigorosa de se expressar, evitando erros ou estrangeirismos.

* **A FAVOR**: O estranhamento de alguns em dizer que Pedro se limita a escrever o que Paulo já havia dito se revolve ao verificarmos alguns fatores. 1. São poucas as referências diretas de Pedro com relação aos textos de Paulo. 2. Os textos tidos parecidos eram já marcados e conhecidos dentro da tradição da igreja apostólica, não sendo exclusividade de um ou outro apóstolo. 3. Os que não aceitam a autoria petrina possuem escassa base ou apoio. Além disso, é simplório e vago fazer análises de igualdades ou diferenças dessa natureza dentro de uma carta.

- **CONTRA**: Se o autor fosse Pedro, teríamos mais evidências da ligação pessoal com Jesus, com quem andou e aprendeu. O que se apresenta na carta é algo genérico e muito geral.

* **A FAVOR**: A dúvida sobre a razão de Pedro não ter mencionado ser alguém próximo de Jesus, o que traria no próprio texto uma maior legitimidade e apoio, reforça a ideia de que ele estava com Jesus, não precisando dizer ou gritar o que já era sua realidade e conhecimento de todos. Ao contrário teríamos uma "forçada de barra".

- **CONTRA**: A situação de perseguição colocada na carta é por demais ampla, que só iremos encontrá-la após o tempo de Nero. Neste caso Pedro já havia falecido.

* **A FAVOR**: Quanto à perseguição temos: não há em I Pedro uma perseguição governamental e generalizada, e sim questões de caráter mais local. Os perseguidores não eram o governo, mas concidadãos, vizinhos, colegas de trabalho. Portanto, temos um tempo histórico apropriado e Pedro vivo para escrever.

- **CONTRA**: A carta é ampla na apresentação de fórmulas fixas, confissões litúrgicas e hinos, lançando a hipótese que estamos falando de um momento mais avançado do cristianismo, o que ainda não se via no tempo de Pedro.

* **A FAVOR**: O aparente momento futuro ao tempo de Pedro diante da amplitude de material, fórmulas, e confissões litúrgicas, ocorre pelo simples fato de que Pedro fala em meio a uma outra forma de pensar, das igrejas helenistas; que tiveram origem pela pregação de Paulo, ou pelo próprio Simão. As igrejas helenizadas tinham características diferenciadas.

Antes de encerrar esse assunto ainda temos uma outra possibilidade quanto a autoria da carta. Essa epístola teria se originado de um grupo Petrino: Silas, Marcos e uma irmã cristã (5.12,13). Esses escreveram em nome do já martirizado Pedro. Nesse caso a carta seria autenticamente

Petrina, pois nela estão as tradições conhecidas e as ideias e a teologia e a visão social de Pedro; visto que o grupo o tinha como líder espiritual (MULLER, 2006).

2.6. Destinatários

Logo no início da carta é possível saber de quem se trata esses destinatários. Estamos falando de cristãos que estavam espalhados por toda a Ásia menor, forasteiros da dispersão, no Ponto, Galácia, Capadócia, Ásia e Bitínia (1.1). Judeus ou não, eram comunidades cristãs, pessoas que haviam passado pela experiência de um novo nascimento.

Os territórios citados no norte da Ásia Menor (Ponto, Galácia, Capadócia, Ásia e Bitínia), anteriormente haviam sido independentes; porém, desde 130 a.C. viviam sob a tutela romana. A população desses ambientes era diversificada, uma miscigenação de raças e culturas, incluindo nativos, gregos instruídos, orientais e judeus. Sobre isso nos fala o Dr. Philip Comfort (2009):

> No final do século I d.C., a população total destas cinco enormes províncias era de aproximadamente 8,5 milhões de pessoas, das quais um milhão eram judeus e oitenta mil eram cristãos. Lucas explica, no livro de Atos, que Paulo não ministrou nestas províncias do norte em nenhuma de suas viagens missionárias. Em uma ocasião, ele foi proibido pelo Espírito Santo de viajar para lá, e foi enviado a Trôade, e a seguir à Macedônia (At 16.6-12). Não se sabe como esta região foi evangelizada. Talvez isto tenha acontecido por meio de Pedro, que pode ter viajado para lá com sua esposa (I Co 9.5), depois do Concílio de Jerusalém (At 15.1-29), ou talvez por meio da dispersão de crentes.

Diante dos impasses em como esses forasteiros, ou estrangeiros dispersos, tenham se convertido, são muitas as suposições. Alguns teriam se convertido no célebre acontecimento do dia de pentecoste, movidos pela ministração de Pedro, ou quem sabe pelo próprio Paulo, ou por algum discípulo próximo a ele. Outra possibilidade, como já apresentada, seria a ida de Pedro e sua esposa nessas regiões, o que gerou diversas conversões; ou simplesmente conforme os convertidos ganhavam esses lugares a palavra naturalmente se fazia conhecida pela instrumentalidade desses nossos dispersos.

2.7. Canonização da epístola

Apesar da distância histórica existente entre nós e a epístola de I Pedro, sabemos que é possível através de estudos minimizar os efeitos negativos que as longas distâncias em datas podem causar na interpretação de qualquer texto. A própria carta e a história nos fornecem recursos e ferramentas de análise para uma interpretação do que o autor queria com seus leitores, e de como tal carta pode ser aplicada em nossos dias.

De acordo com Muller (2006), a carta de I Pedro teve uma rápida aceitação dentro da comunidade cristã. Cópias foram feitas, sendo enviadas para além do ambiente na qual a carta original havia sido escrita, tornando-se um documento de uso comum e revestido de autoridade apostólica, sendo categorizada num mesmo patamar das cartas que já faziam parte das escrituras sagradas. II Pedro 3.1, provavelmente corrobora a premissa anterior, mostrando que a primeira carta já estava incluída juntamente com as cartas de Paulo. No segundo século a carta já possuía um caráter canônico.

> Não queremos entrar aqui em referências pormenorizadas ao uso de I Pedro nos escritos cristãos dos primeiros séculos, mas só mencionaremos que escritores tão antigos como Irineu, Clemente de Alexandria e Tertuliano fazem uso, por vezes extensivos, dela. Orígenes e Eusébio de Cesareia colocam-na com segurança entre os escritos canônicos, e o mesmo fariam as listas oficiais posteriores. Estas, por sua vez, não confeririam valor canônico a I Pedro, mas simplesmente reconheceriam o valor que a igreja universal lhe tem conferido na prática do dia-a-dia e no seu discernimento aguçado pela presença do Espírito Santo em seu meio (MULLER, 2006, p.58,59).

Não foram poucos os comentários, estudos e sermões que surgiram desde muito cedo acerca de I Pedro, fazendo dessa epístola um objeto de estudo profícuo[51] e de interpretação necessária dentro das comunidades cristãs da época, como também de nossa atualidade.

---

51 **Profícuo**: Útil, proveitoso, vantajoso; produtivo.

2.8. Esboço

1. Saudação (1.1,2)	
2. Alegria no sofrimento por causa da salvação (1.3-12)	*A fonte da salvação (1.2)* *O novo nascimento (1.3)* *A consumação da salvação (1.4,5)* *A alegria da salvação (1.6-8)* *O ministério da salvação (1.9-12)*
3. O novo status dos cristãos e suas consequências (1.13 – 2.10)	*Santidade adquirida, santidade vivida (1.13-21)* *Amor entre irmãos (2.1,2)* *Cristo, a pedra fundamental (2.3-10)*
4. Exortações para a vida diárias (2.11 – 3.12)	*Vida irrepreensível (2.11,12)* *Submissão ao governo (2.13-17)* *Relações de trabalho (2.18-25)* *Em casa (3.1-7)* *Amor fraternal (3.8-12)*
5. Relações com os não-cristãos (3.13 – 4.6)	*Suportar o mal com paciência (3.13-16)* *Sofrimento e glória (3.17-22)* *Morte ao pecado (4.1-6)*
6. Relações entre os cristãos (4.7-11)	*Conduta do cristão e a volta de Cristo (4.7-11)*
6. Os sofrimentos do presente e o que eles significam (4.12 – 19)	*Privilégio de sofrer com Cristo (4.12-19)*
6. Exortações finais e despedidas (5.1 - 14)	*Aos pastores (5.1-4)* *Aos moços (5.5,6)* *À igreja em geral (5.6-11)* *Saudações (5.12-14)*

CAPÍTULO 3

I Pedro: Data, conteúdo e teologia

Olhando para o enredo das perseguições sofridas pelos cristãos, e da ferrenha luta de Nero contra os servos de Cristo, qual a data mais provável para a carta? Neste capítulo faremos a análise da data que possa ser compatível com os acontecimentos nesse tempo. Além disso trabalharemos o conteúdo, objetivo, e abordaremos a teologia dessa insigne[52] epístola.

3.1. Data da escrita

Para a delimitação da data mais provável levaremos em consideração alguns fatores:

- A maioria das perseguições eram locais e não governamentais.
- No tempo das perseguições locais Pedro ainda estava vivo e provavelmente em Roma.
- Somente após a morte de Pedro é que a perseguição é intensificada por Nero em 67 d.C. Conhecida como perseguições governamentais.
- Nero governou de 54 à 68 d.C.
- No início a fé cristã era aceita como uma seita do judaísmo, mas nos últimos anos o governo de Nero autorizou uma intensa perseguição aos cristãos.
- O grande incêndio que destruiu boa parte de Roma aconteceu

52 **Insigne**: Notável; eminente, extraordinário.

em 64 d.C.

· Nero acusou publicamente os cristãos tendo a suposta legitimidade para a matança.

· Pedro viu a perseguição que crescia, daí a razão de escrever para encorajar os cristãos distantes.

De acordo com os fatores apresentados e os muitos testemunhos da igreja por meio da tradição, podemos delimitar a escrita dessa carta entre os anos 60 a 67. Delimitando ainda mais, provavelmente a escrita tenha acontecido em 65 d.C.

Aqueles que acreditam que a epístola foi escrita não por Pedro, mas por seus discípulos datam a escrita entre 65 e 80.

3.2. Conteúdo e objetivo da epístola

O bom escritor sabe que todo livro ou texto a ser produzido precisa acontecer mediante a algum tipo de necessidade que gere o empenho e dedicação, e que culmine em resultados. Por outro lado, cabe ao autor o uso de estratégias e recursos únicos ou específicos que possam ser úteis como estratégias para atender a situação que se busca resolver por meio da escrita. Com o apóstolo Pedro isso não foi diferente. Diante do discípulo de Cristo estava um sério problema, a perseguição que os cristãos dispersos sofriam por sua fé. Partindo dessa necessidade, nosso autor empenharia tempo e dedicação para que seus leitores pudessem ser transformados e moldados por meio da escrita. Agora era preciso uma estratégia textual, um estilo próprio, que mesmo distante pudesse ser absorvido pela alma dos destinatários; para isso Pedro usou viés pastoral.

Além da estratégia usada, Pedro sabia que estava escrevendo para um movimento cristão não estruturado no que diz respeito a elementos institucionais, pois além de não haver nenhum vínculo formal entre as demais igrejas, possuíam somente uma organização local e que podia variar de uma região para outra. Essas comunidades cristãs locais funcionavam como um lar aos desamparados, servia como um grupo aos que estavam sozinhos, um local de aceitação para os que eram marginalizados (MULLER, 2006).

Acerca das questões, ou dos problemas que serviram para que nosso autor dedicasse tempo nesta carta, temos basicamente duas situações: externas e internas. No que se refere aos problemas externos, temos os não cristãos. Estes estavam se sentindo ameaçados por aquele movimento que era novo; era preciso barrar, impedir. Em Atos 19 pode-se perceber que o estilo de vida dos cristãos acabava por influenciar vários setores da sociedade, o que incomodava muitas pessoas que não faziam parte da comunidade cristã (2.7-8). Por isso os cristãos passaram a sofrer (1.6). As autoridades passaram a olhar com atenção a nova movimentação, uma vez que suspeitavam que tal movimento de origem oriental se relacionava com aqueles judeus na qual eram detestados. Isso porquê esses cristãos não participavam de festas e cerimônias públicas, não prestavam culto ao imperador, não aceitavam os deuses locais, além de terem uma vida regrada e de devoção a um certo Jesus, amigo de pecadores. Por essa razão os cristãos desejavam retornar ao que eram antes, pois estavam sendo perseguidos, ameaçados, injuriados (3.14; 4.14,16):

> Mas, mesmo que venham a sofrer por causa da justiça, vocês são bem-aventurados. Não tenham medo das ameaças, nem fiquem angustiados;
> Se são insultados por causa do nome de Cristo, vocês são bem-aventurados, porque o Espírito da glória, que é o Espírito de Deus, repousa sobre vocês.
> Mas, se sofrer como cristão, não se envergonhe; pelo contrário, glorifique a Deus por causa disso.

Além desses problemas externos, era preciso focar nos problemas internos. Esses, às vezes pequenos, tomavam proporções maiores à medida que repercutiam dentro das comunidades, gerando um ambiente de desconfiança e perturbação. As dificuldades orbitavam às discordâncias que ocorriam dentro das igrejas diante do que poderiam ou não realizar, haja vista não existir um compêndio formal que os direcionassem. Além disso, o que era normal dos não-cristãos passou a crescer entre os cristãos, como invejas e hipocrisias, colocando em risco a singularidade e a unidade da fé. Dentre os outros transtornos que Pedro buscou resolver, temos o poder que estava corrompendo os anciãos da igreja (5.2,3). Para esses, Pedro diz que alimentassem o rebanho de Deus, cuidando dele com boa disposição e não de má vontade; não pelo que eles iriam ganhar com aquilo, mas porque estavam ansiosos para servirem a Deus. Pedro pede para que eles não fossem tiranos, mas que guiassem o povo com exemplo. Muito provavelmente por esse comportamento por parte da liderança, os jovens passaram a rejeitar o direcionamento dado pelos mais velhos. Aos jovens, Pedro pede que sigam a liderança dos mais velhos, para que depois pudessem servir uns aos outros com humildade, uma vez que Deus concede bençãos especiais aos humildes, mas se opõe aqueles que são orgulhosos (5.5,6).

Com um olhar pastoral, Pedro mostra que apesar de ser um difícil percurso, existem belezas nesse caminho, além de serem privilegiados com as bênçãos do Senhor por trilharem segundo as misericórdias do todo poderoso. O apóstolo busca mostrar que essas tribulações seriam um teste para a fé; por isso, de acordo com Ênio (2006), fica claro que foram escolhidos e eleitos (1.1); foram preparados para salvação (1.5,13); deveriam preservar-se nas boas obras (2.12); submeter-se às autoridades e instituições (2.13); era preciso praticar o bem (2.15); não usar a liberdade para fazerem o que quiserem, mas o que agradava a Deus (2.16); tratar todos com honra (2.17); os trabalhadores respeitar seus chefes, inclusive os maus (2.18-20); serem zelosos do que é bom (3.11); deveriam ser perseverantes nas orações (3.7); cheios de amor fraternal uns para com os outros; hospitaleiros (3.9); tirar o que não agradava a Deus (4.15); a liderança deveria ter Cristo como modelo (5.4); os mais jovens deveriam aprender com os mais velhos (5.5). Enfim, essas instruções de Pedro demonstram que desfrutavam de um nobre status e que isso seria o suficiente para não desejarem mais suas vidas pregressas[53].

É na soma de todo esse esforço empreendido pelo apóstolo Pedro que veremos o singelo objetivo da carta. Como um pastor que se preocupa com suas ovelhas, procura dar incentivo e provocar esperança em seus leitores espalhados por todo centro e norte da Ásia menor. É verdade que o caráter pastoral de Pedro não aconteceu da noite para o dia; estamos falando de homem que conhecia de perto o sofrimento em nome de Cristo, de modo que sua carta transborda sentimentos de triunfo em meio à adversidade. Por isso, o texto não são meras palavras, mas um forte exemplo pastoral que geraria em seus leitores encorajamento e fé (COMFORT, 2009).

3.3. Teologia da carta

Significativo é o ensino que essa carta oferece sobre Cristo, salvação, escatologia, ortodoxia, dentre outros. Para a análise do conteúdo teológico é preciso observar o motivo da escrita, uma vez, por exemplo, que assuntos como heresia não aparecem de maneira significativa, isso porque o motivo principal de Pedro era de consolar e encorajar os irmãos; ele dedica mais tempo nesse assunto em sua segunda carta.

53 **Pregresso**: Decorrido anteriormente; algo que tenha acontecido primeiro.

3.3.1. Cristologia

Cefas sendo testemunha ocular e próximo de Jesus, sua cristologia tem um caráter todo especial, de modo que a vida de Jesus enquanto na terra é fundamental para o entendimento desse assunto. Os relatos que se seguem em I Pedro são apenas relacionados ao curso da vida do mestre.

Enquanto muitos estudiosos procuram fazer uma separação entre o Cristo da fé e a história de Jesus, Pedro não caminha por essa vereda. Sendo ele um discípulo íntimo (5.1), deixa claro no texto, os ensinamentos aprendidos num ambiente de intimidade e afeto. A carta nos fala:

· Inocência e sofrimento de Cristo (2.21-23; 3.17,18; 4.1);

· Uma vida sem pecado (1.19; 2.22; 3.17,18)

· Cristo sendo morto e carregando o pecado da humanidade (1.18,19; 2.214);

· Jesus ressurreto revestido de glória à direita de Deus pai (1.7,21; 3.22);

· Cristo que será revelado com poder e glória (1.7,13; 4.13; 5.4);

· Julgamento dos adversários do Messias (4.5,17).

A proximidade de Pedro com Jesus era grande, o que reflete na carta a linguagem do próprio ensino de Cristo, dando a cristandade uma rica fundamentação acerca dos eventos históricos da vida e obra de Jesus na terra. Essa verdade é evidenciada na percepção que Pedro possuía acerca do plano de Deus para a humanidade. Cria que tais planos estavam sendo executados na vida de Jesus na terra. Por isso afirma que Deus escolheu Jesus para aquele propósito muito antes do princípio do mundo, mas só recentemente, ou naqueles dias, Ele se manifestou publicamente, sendo uma benção para todos (1.20). Pedro cria que esse evento era a demonstração da misericórdia de Deus, o que dava aos leitores a alegria de serem membros da família divina, para que pudessem viver na esperança da vida eterna, por intermédio do sacrifício e ressurreição de Jesus (ZUCK, 1994).

Pedro deixa claro que essa salvação em Cristo já havia sido profetizada no AT, mesmo que os profetas que assim o fizeram no passado não compreendessem inteiramente. Embora eles tenham escrito sobre ela, tinham muitas indagações a respeito do que tudo isso poderia significar; contudo, finalmente, o que havia sido anunciado estava se cumprindo. A Boa Nova estava sendo pregada pelo poder do Espírito Santo.

> [10]Foi a respeito desta salvação que os profetas indagaram e investigaram. Eles profetizaram a respeito da graça destinada a vocês, [11]investigando qual a ocasião ou quais as circunstâncias oportunas que eram indicadas pelo Espírito de Cristo, que neles estava, ao predizer os sofrimentos que Cristo teria de suportar e as glórias que viriam depois desses sofrimentos. [12]A eles foi revelado que, não para si mesmos, mas para vocês, ministravam as coisas que, agora, foram anunciadas a vocês por aqueles que, pelo Espírito Santo enviado do céu, lhes pregaram o evangelho, coisas essas que anjos desejam contemplar. [13]Por isso, preparando o seu entendimento, sejam sóbrios e esperem inteiramente na graça que lhes está sendo trazida na revelação de Jesus Cristo (1 Pedro 1.10-13).

3.3.2. Expiação e salvação

Sendo Cristo a base da carta, a expiação e a salvação provocada por intermédio de Jesus se configura como um tema importante na dinâmica da epístola. Pedro, anteriormente possuía dificuldades para entender sobre o sofrimento e sacrifício de Cristo, conforme Marcos 8.31-33.

> [31]Então Jesus começou a ensinar-lhes que era necessário que o Filho do Homem sofresse muitas coisas, fosse rejeitado pelos anciãos, pelos principais sacerdotes e pelos escribas, fosse morto e que, depois de três dias, ressuscitasse. [32]E isto ele expunha claramente. Então Pedro, chamando-o à parte, começou a repreendê-lo. [33]Mas Jesus, voltando-se e vendo os seus discípulos, repreendeu Pedro e disse: — Saia da minha frente, Satanás! Porque você não leva em consideração as coisas de Deus, e sim as dos homens.

Mas agora temos outra realidade; o apóstolo transforma o sofrimento e a glória de Jesus como ponto crucial em suas explicações sobre a obra do mestre na terra. Dentre as passagens que transmitem a relevância da morte de Cristo temos I Pedro 1.18-21; 2.21-25; e 3.18. Na primeira passagem, a morte de Jesus é apresentada como um sacrifício que promoveria a salvação daqueles que caminhavam no pecado, agora experimentam uma vida de fé e de esperança. Na segunda passagem, Pedro mostra a morte como sofrimento, como a agonia que Cristo suportou antes da cruz. A intenção é mostrar Jesus como exemplo de sofredor inocente, mas que foi paciente. Os leitores são convidados a serem pacientes, não vingativos e rancorosos diante das dificuldades. Por fim, na última passagem sobre o assunto abordado é enfatizado a natureza substituta da morte de Cristo; a ideia é mostrar uma morte vicária, ou uma morte que tinha como cerne substituir o homem, livrando a humanidade do pecado (ZUCK, 1994).

3.3.3. Ortodoxia e escatologia

Enquanto que a heterodoxia é considerada práticas que não estejam de acordo com os ensinos ou as doutrinas previamente definidas, a ortodoxia significa estar em conformidade com os princípios de uma doutrina anteriormente dirigida e amplamente aceita por meio dos tidos defensores daquela explanação de fé e conduta. Na primeira carta de Pedro o assunto da ortodoxia não existe com o mesmo empenho da segunda carta, haja vista que a preocupação de Pedro em sua segunda epístola é de defender a verdade de Deus que outrora havia sido revelada: a ortodoxia cristã. Apesar da primeira carta não ter esse mesmo empenho, Pedro é claro ao dizer aos cristãos que deviam manter o compromisso com a verdade já revelada por Deus através de Jesus. Era preciso obedecer a essa verdade.

> Porque vocês foram regenerados não de semente corruptível, mas de semente incorruptível, mediante a palavra de Deus, a qual vive e é permanente. Porque "toda a humanidade é como a erva do campo, e toda a sua glória é como a flor da erva. A erva seca, e a flor cai; mas a palavra do Senhor permanece para sempre." Esta palavra é o evangelho que foi anunciado a vocês (1 Pedro 1:23-25).

A escatologia da carta começa focando no presente como um momento de cumprimento escatológico. Pedro ao revisitar toda a história da salvação com seus leitores, está na verdade, mostrando um tempo presente como uma dispensação decisiva no cumprimento profético: "*Ele foi conhecido antes da fundação do mundo, mas foi manifestado nestes últimos tempos, em favor de vocês*" (I Pedro 1.20,21).

Entretanto, o assunto não se encerra no presente. Uma consumação está por vir, e apesar das bençãos do momento, os cristãos precisavam ter esperança num futuro onde haveria a conclusão da libertação que tanto almejavam.

> Bendito seja o Deus e Pai de nosso Senhor Jesus Cristo, que, segundo a sua grande misericórdia, nos regenerou para uma viva esperança, mediante a ressurreição de Jesus Cristo dentre os mortos, para uma herança que não pode ser destruída, que não fica manchada, que não murcha e que está reservada nos céus para vocês, que são guardados pelo poder de Deus, mediante a fé, para a salvação preparada para ser revelada no último tempo (I Pedro 1.3-5).

Os versículos mostram uma salvação que ainda está por vir, e é eminente. Isso de fato traria ânimo aos cristãos dispersos, quando passavam a entender que o sofrimento presente seria limitado, existindo no futuro uma felicidade maravilhosa, embora durante algum tempo a caminhada aqui na terra fosse difícil.

CAPÍTULO 4

II Pedro: Contexto e afins

"*Amados, esta é, agora, a segunda carta que escrevo a vocês. Em ambas, procuro, com lembranças, despertar a mente esclarecida de vocês*", (II Pedro 3.1). Por intermédio do versículo citado fica claro que os cristãos aos quais é direcionada esta segunda carta do apóstolo Pedro são os mesmos a quem foi escrita a primeira. Contudo, ao passo que na primeira sua intenção era encorajá-los nas tribulações e perseguições catapultadas contra eles pelos não cristãos, nesta segunda, o autor quer que prestem atenção em outros inimigos, os internos. Era preciso olhar os erros perigosos que começavam a ganhar espaço nas comunidades cristãs. Diante dessa necessidade e da previsibilidade do próprio Pedro com relação a sua morte (1.13), decide apressar e prevenir seus leitores sobre o perigo que corriam como cristãos, enviando-lhes uma última recordação, sua carta (BÍBLIA, 1982).

Neste capítulo será discutido a autoria, canonicidade, data, objetivo, destinatários, e esboço da segunda carta do apóstolo Pedro.

4.1. Autoria e canonicidade

O reconhecimento quanto a autoria é forte. São Jerônimo[54] em 392 d.C. afirmou que Pedro havia escrito duas cartas universais, sendo que a segunda, muitos afirmavam que não era de sua autoria, uma vez que nela continha um estilo diferente da primeira. Contudo, Jerônimo partia do princípio de que ambas eram genuínas, e ainda explica que

54 Ver nota 8

as diversidades de linguagem e de estilo eram pelo fato de que o apóstolo Pedro as ditou a dois tradutores ou redatores gregos distintos. Essa hipótese ainda agrada muitos estudiosos na atualidade que ainda sustentam a autoria dessa segunda carta ao apóstolo Pedro.

Por outro lado, seria ignorância pensar que não existem causas convincentes contra a autoria de Pedro, pois inicialmente não se tinha uma tradição de autenticidade, além de ser uma carta não citada pelos antigos presbíteros. Outro detalhe era a má fama que a angelologia judaica sofria no seio da comunidade cristã; sendo que essa carta cita implicitamente a Assunção de Moisés e o livro de Enoque, livros com especulações angélicas. Além disso, o estilo da epístola, sua dicção, sua fraca atestação, seu relacionamento com Judas, e o comportamento diferenciado do conteúdo, tem levado diversos teólogos a pensarem numa carta escrita no século II, consequentemente com uma outra autoria. Exagerando ou não, os que assim trabalham negam devido as diferenças firmadas entre as epístolas, não considerando a influência das fontes e as circunstâncias.

A linguagem da epístola, especialmente no primeiro capítulo, comparando-a com os discursos de Pedro em Atos, nos revela ser o mesmo apóstolo o seu autor. Já o segundo capítulo não se assemelha a primeira carta, mas o restante encontra-se forte semelhança, principalmente, como já dito, com os discursos de Pedro em Atos; sendo fortes indícios que não encontraremos em nenhum outro escrito do NT. Clemente de Alexandria tinha essa carta em sua Bíblia e escreveu um comentário sobre. Além desse temos Clemente Romano[55] (95), Aristides[56] (130), Valentino[57] (130) e Hipólito[58] (180), todos citando II Pedro (GREEN, 2006).

De uma forma ou de outra essa carta passou por sérias dificuldades para entrar no cânon, sendo na reforma considerada por Lutero como um texto de segunda classe, olhada com rejeição por Erasmo e com hesitação por Calvino. Voltando aos séculos II e III, percebe-se que a carta não era conhecida além do Egito, por isso sua canonicidade foi colocada em dúvida e até mesmo negada. Mas, foi no século IV que a carta começou a ficar conhecida e aceita no ocidente, retirando as dúvidas sobre seu valor e autoria. Nos séculos IV e V a epístola passou a ter um espaço definitivo no cânon das igrejas na Europa e África, mas

55 Ver nota 1

56 **Santo Aristides o Aristides de Atenas (65-130)**: Cristão apologista grego do século II d.C.

57 **Valentino (100-160):** Foi candidato a bispo, teólogo gnóstico de muita influência e sucesso na igreja primitiva, apesar de ter suas ideias contestadas.

58 **Hipólito de Roma (170-236):** Importante teólogo na igreja de Roma. Considerado um antipapa, foi também um mártir cristão.

ainda ignorada por alguns séculos na Síria.

Em resumo, são fortes os indícios da autoria petrina, inclusive com argumentos internos, informação que também pode ser vista quando o autor anuncia estar próximo sua morte: "*certo de que estou prestes a deixar o meu tabernáculo, como efetivamente nosso Senhor Jesus Cristo me revelou*" (II Pedro 1.14).

4.2. Data da carta

Apesar do local da escrita não ser referido na epístola, a hipótese mais provável é que tenha sido escrita no mesmo local da primeira carta, em Roma. Ainda dentro das probabilidades, crê-se que essa carta foi escrita pouco tempo antes da morte do apóstolo Pedro entre 61 e 67. Nero era o imperador em Roma, iniciando seu governo aos dezesseis anos em 54 d.C. Nesse tempo Paulo após ter apelado a César foi levado à Roma (Atos 25) onde foi julgado e inocentado em 61 d.C, o que o fez continuar suas viagens missionárias. Foi nesse tempo das viagens de Paulo (62-67) que Pedro provavelmente tenha ido para Roma e escrito sua primeira carta. Foi após o casamento com Popéia que o Imperador Nero se torna brutal, assassinando inclusive sua própria mãe, seus conselheiros e diversos nobres. Seu caminho era insano, e foi nesse tempo que o louco imperador viu o crescimento da igreja. Pedro, tendo uma visão privilegiada dos acontecimentos, mas muito mais focado nos problemas locais da igreja, apressa-se em escrever aos cristãos para encorajá-los na primeira carta e para adverti-los na segunda (COMFORT, 2009).

Sobre a data em que essa carta foi produzida podemos considerar que foi escrita um pouco antes da morte do autor (1.14,15). Caso aceitamos a tradição de que Pedro tenha morrido em Roma, a carta não poderia ter sido escrita antes de todos escritos de Paulo (3.16). De posse das outras informações já ditas, essa carta não poderia ter sido escrita antes de meados da década de 60, além da necessidade de considerarmos a data aproximada da primeira epístola, 65 d.C. (GREEN, 2006).

Enfim, se considerarmos a morte de Pedro entre 66 e 67, então a carta deve ter sido escrita entre 61 à 67. Ou mais precisamente entre 65 a 67.

4.3. Objetivo e destinatários

O perigo das perseguições era externo na primeira carta de Pedro, agora, na segunda, o perigo era interno, a falsa doutrina; a primeira carta foi escrita para provocar coragem, a segunda para advertir; na primeira Pedro fortalece os irmãos, na segunda age como um protetor dos perigos que podiam ser ocultos.

Pedro, agora como homem já idoso aproximando-se do seu fim (1.14), faz uma descrição sobre os falsos mestres que estavam na igreja. Simão pede aos fiéis que crescessem na graça e no conhecimento de Cristo Jesus, pois esse seria o antídoto à vida pecaminosa difundida pelos falsos ensinos. O apóstolo tem como objetivo dar com clareza uma imagem profética da apostasia que aconteceria nos últimos dias, convencendo "os cristãos de que somente com um coração alerta e com o devido preparo poderiam enfrentar os perigos" (PEARLMAN, 2006, p.408).

Sobre os destinatários, Pedro dá uma ideia de quem eram. Haja vista já antes ter dirigido uma epístola aos mesmos leitores (3.1), cristãos nas províncias da Ásia como já descritas em I Pedro 1.1. Há fortes indícios textuais de que nesse segundo momento Pedro estava se dirigindo a um grupo bem maior de cristãos dispersos.

4.4. Esboço

1. Exortação ao crescimento (Cap. 1)	*Saudação (1,2)* *A base do conhecimento salvador (3,4)* *O crescimento além do conhecimento experimental (5-11)* *As fontes do conhecimento salvador (12-31*
2. Advertência contra falsos mestres (Cap. 2)	*A conduta dos falsos mestres (1-3)* *A condenação certa dos falsos mestres (4-9)* *O caráter dos falsos mestres (10-22)*
3. Promessas da vida do Senhor (Cap. 3)	*Zombadores e a promessa da segunda vinda (1-4)* *Respostas às objeções (5-9)* *A certeza e os efeitos da vinda do Senhor (10-13)* *Exortações finais (14-18)*

CAPÍTULO 5

II Pedro: Contrastes, conteúdo e ensinos da carta

É verdade que certas diferenças ou contrastes são encontrados entre a primeira e a segunda carta do intrépido Pedro. Teriam sido escritas pela mesma mão? Os pormenores quanto à autoria já foram trabalhados, inclusive explicando que as diferenças são solucionadas uma vez que estamos diante de secretários distintos, auxiliadores do apóstolo.

Neste capítulo os assuntos abordados serão: o contraste na linguagem e no pensamento com relação à primeira carta, conteúdo, e os ensinos ligados a cristologia, expiação, salvação e escatologia.

5.1. O contraste na linguagem

O grego usado na primeira carta de Pedro é deveras polido, culto, e um dos melhores do NT. Entretanto, o grego da segunda carta chega ser rude em suas pretensões e necessidade de expansão. II Pedro possui frases desajeitadas e não possui a mesma variedade de partículas de conexão como em I Pedro. As aparentes palavras prediletas em I Pedro desaparecem na segunda carta ou são usadas sinônimos.

Supondo que Pedro tenha usado secretários diferentes, é razoável que o atual tenha sentido liberdade em dar uma face singular na escrita, assim como aconteceu com o primeiro, Silvano.

5.2. O contraste no pensamento

As observações deste tipo de contraste foram vistas no passado e ainda têm sido levantadas na atualidade. Estudiosos levam em consideração que o pensamento da primeira carta é demasiadamente diferente do segundo pensamento. Isso porque o assunto tratado é diferente, além de entender que eram situações também diferentes. Seguem as principais diferenças:

I Pedro	II Pedro
Crentes enfrentavam perseguições	Crentes enfrentando falsos ensinos
A nota tônica é esperança	A nota tônica é conhecimento verdadeiro
Fala sobre os grandes eventos na vida de cristo	Fala sobre a esperança da volta de Cristo
Emprega-se *apokalupsis (revelação)*, a remoção do véu que oculta a vista dos fiéis o Senhor que está com eles o tempo todo	II Pedro temos *parousia (advento)*, o aparecimento repentino do rei ausente, entre seus servos desobedientes.
***Apokalupsis (revelação)* fala de consolo aos aflitos**	*Parousia (advento)* adverte os zombadores

Além do contraste de pensamento, ainda poderíamos citar outro fator importante na dinâmica dessa carta. Sua forte ligação com a carta de Judas. Dos vinte e cinco versículos em Judas, nada menos do que quinze aparecem, total ou parcialmente, em II Pedro. Sendo assim, é plausível pensar que exista algum tipo de relacionamento; II Pedro depende de Judas, Judas depende de II Pedro, ou ambas dependem de algum documento perdido. Alguns exemplos: 2.4 e Jd 6 - 2.6 e Jd

7 - 2.11 e Jd 9 - 2.17 e Jd 12.

	Pedro		Judas
2 Pedro 2.4	Pois Deus não poupou anjos quando pecaram, mas, lançando-os no inferno, prendeu-os com correntes de escuridão, reservando-os para o juízo.	Judas 1.6	E a anjos — os que não guardaram o seu estado original, mas abandonaram o seu próprio lugar — ele tem guardado sob trevas, em algemas eternas, para o juízo do grande Dia.
2 Pedro 2.6	E, reduzindo a cinzas as cidades de Sodoma e Gomorra, condenou-as à ruína completa, tendo-as posto como exemplo do que viria a acontecer com os que vivessem impiamente;	Judas 1.7	Igualmente Sodoma, Gomorra e as cidades vizinhas, que também se entregaram à imoralidade e adotaram práticas contrárias à natureza, foram postas como exemplo do castigo de um fogo eterno.
2 Pedro 2.11	ao passo que anjos, embora maiores em força e poder, não proferem contra essas autoridades sentença difamatória na presença do Senhor.	Judas 1.9	Contudo, nem mesmo o arcanjo Miguel, quando entrou em conflito com o diabo e discutia a respeito do corpo de Moisés, ousou pronunciar sentença difamatória contra ele. Pelo contrário, disse: "O Senhor repreenda você!"
2 Pedro 2.17	Esses tais são fontes sem água, névoas levadas pela tempestade, para os quais está reservada a mais profunda escuridão.	Judas 1.12	Esses são como rochas submersas nas festas de fraternidade que vocês fazem, banqueteando-se com vocês sem qualquer receio. São pastores que apascentam a si mesmos; são nuvens sem água impelidas pelos ventos; são árvores que, em plena estação dos frutos, continuam sem frutos, duplamente mortas e arrancadas pela raiz;

As dificuldades que alguns possuem nesse relacionamento de Judas e II Pedro, recai no fato de que caso Pedro tenha usado Judas para escrever sua carta, teríamos a compreensão de que Judas foi escrita primeiro, o que geraria um problema. Sendo assim, não poderia ter sido Pedro o autor da carta que leva seu nome. Porém, Pedro poderia ter usado uma pregação ou um texto tradicional feito pela igreja primitiva para com isso enfrentar os problemas dos falsos ensinos. Nesse caso, Judas também poderia ter se valido da mesma fonte, isso porque antigamente não se tinha leis de direitos autorais, o que nos dá a certeza de que o relacionamento existente nessas cartas não desabona a autenticidade de II Pedro (GREEN, 2006).

5.3. Conteúdo da carta

Aqui, Pedro é rápido em sua saudação, para em seguida propor a cura concernente a paralisia e a falta de visão do futuro que avizinhava seus leitores (1.2-11). Num tom afetuoso fala sobre o fim de seus dias e sobre a necessidade de ouvirem aquilo que iria propor, além da observação constante das escrituras (1.16-21). Em seguida adverte sobre os falsos mestres (2.1-22), e de como esses seriam comuns nos últimos dias; agiriam por dinheiro (2.3), negligenciariam as coisas de Deus (2.2,10,11), caminhariam em bel-prazer (2.12-17), seriam orgulhosos e presunçosos (2.18,19), e seriam punidos por Deus (2.3-10, 20-22). Em sua conclusão, Pedro explica as razões que o levou a escrever (3.1-18), lembrando seus leitores das profecias acerca dos falsos ensinos e sobre as razões da suposta demora da vinda de Cristo (3.1-13), encorajando-os (3.14-18) e instruindo-os a crescerem na fé (COMFORT, 2009).

Abaixo apresentaremos uma tabela que compreenderá os assuntos trabalhos nessa epístola:

Exortação a crescer na graça e no conhecimento divino (cap. 1)

Tema	Versículo	Conteúdo	Resumindo
Saudação	1.1	A graça e paz que Pedro pede para os santos devem levar ao conhecimento experimental de Deus e de Cristo.	O Apóstolo, depois do prefácio e saudação, exorta os seus leitores a que perseverem na verdade, para não caírem nos erros e infidelidade daqueles tempos. É a melhor prevenção para isso é, como lhes diz, uma piedade progressiva
	1.2		
As promessas de Deus	1.3	O apóstolo está fazendo da chamada divina deles, a base do seu apelo para uma vida santa.	
	1.4	A pessoa de Cristo atrai os homens e seu poder os capacita a corresponder.	
O crescimento no conhecimento experimental	1.5	Não há pausa na caminhada. Ou progresso ou retrocesso. Após o fundamento é preciso crescer e nunca se acomodar.	
	1.6	Domínio não somente em comida e bebida, mas em todas as áreas. Controle de paixões	
	1.7	Não existe piedade sem a fraternidade (I Jo 4.20). O amor é a marca.	
Cristãos estéreis e frutíferos	1.8	Resultado do acréscimo espiritual, no conhecimento experimental das coisas divinas é entrada no Reino de Jesus. A não observação é estar inoperante.	
	1.9	Resultado da negligência: cegueira espiritual e apostasia.	
Um alvo digno	1.10	Se existe o perigo de cegueira e de inoperância, ficai ainda mais atentos. A eleição vem de Deus e o comportamento do homem é a prova ou a refutação dela.	
	1.11	Outro resultado é o alvo que tanto se almeja depois de uma longa caminhada. Peregrino cansado	
A verdade aceita repetição	1.12	O tema graça era conhecido, mas precisa ser reforçado de forma correta.	Enquanto existe o tempo de vida, toda verdade precisa ser enfatizada, afim de que o tempo não a deturpe.
	1.13	Os cristãos eram impopulares. Chegará o momento da morte. Façamos antes	
	1.14	Transitoriedade da vida	
	1.15	É baseado em Jesus a ideia de estabelecer cristãos por meio de lembranças contínuas. Na morte falará mais alto.	
A verdade é atestada por testemunhas oculares apostólicas	1.16	Quando falo do poder ou da ressureição não sou culpado dos exageros ou das especulações que possam levantar.	Além disso, eles encontrarão uma prova clara da verdade das Escrituras no cumprimento das profecias e no testemunho irrefutável dos santos de Deus
	1.17	Referência a Daniel 7.14 e Marcos 9.7?	
	1.18	Pedro ressalta seu momento com Jesus na transfiguração	
A verdade é atestada por scrituras proféticas	1.19	Do testemunho ocular, Pedro passa a buscar apoio no Antigo Testamento. A mensagem apostólica cumpre-se e autentica o AT.	
	1.20	Pelos ensinamentos de falsos mestres, esta era uma verdade muito importante.	
	1.21		

Advertência contra os falsos mestres (cap. 2)			
Tema	Versículo/Conteúdo		Resumindo
Cuidado com os falsos mestres	2.1	Introduzem artificialmente com heresias nocivas, negando Jesus.	Em termos enérgicos, ele avisa os falsos mestres e os que principiaram a atendê-los, a respeito da sua culpa e perigosa propaganda.
	2.2	A negação de Jesus é primariamente ética e não intelectual	
	2.3	Ganância destes e condenação	
Três exemplos de julgamento e livramento	2.4	Fala ***primeiramente*** do julgamento dos anjos caídos de Gn. 6	
	2.5	Como ***segundo*** exemplo fala de um julgamento de um mundo rebelde e perverso (dilúvio)	
	2.6	Como terceiro exemplo de julgamento de Sodoma e Gomorra. Vulcão (tephrosas)	
	2.7 2.8	Livrou Ló como exemplo clássico da salvação que Deus oferece.	
	2.9	Castigo aqui são provações em geral (orgulho, desobediência)	
	2.10	Os falsos mestres não escapam do controle de Deus Eles são atrevidos e arrogantes.	
Sua arrogância, concupiscência e gula	2.11	Em contraste com estes arrogantes. Os anjos sendo maior em força e poder não levam contra eles uma condenação ofensiva.	
	2.12	São brutos irracionais conforme os ditames de suas paixões.	
	2.13	Confundem o instinto animal com a presença do Espírito Santo.	
	2.14	Consideram pessoas do sexo feminino uma adúltera em potencial. Seus olhos estão cheios da mulher adultera. Fica impossível olhar uma mulher sem pensar no coito.	
	2.15	Mostra como os mestres do erro ficaram sob a maldição de Deus. Deliberadamente abandonam o caminho.	
	2.16	Os ortodoxos estavam indo pelos caminhos destes mestres. Diz: um asno possuía visão profética mais sadia do que o oficial religioso, cujo senso moral estava pervertido.	
A nulidade dos falsos mestres	2.17	Pedro volta ao ataque e diz que são como fonte sem água.	
	2.18	Usam palavras inchadas de forma desnatural, porém que não possuem relevância.	
	2.19	Prometem algo que não possuem	
	2.20	Um dia foram cristãos ortodoxos. Mas agora falsos mestres	
	2.21	A ignorância é melhor que a apostasia	
	2.22	O castigo: serão entregues a sorte que escolheram.	

Promessa da vinda do Senhor (cap. 3)			
Tema	***Versículo/Conteúdo***		***Resumindo***
Reiterado o propósito da carta	3.1	Volta a encorajar aos fiéis pela lembrança.	Assegura aos leitores que a segunda vinda do Senhor, embora seja com grande demora, e através de longos sofrimentos, é tão certa como o dilúvio
	3.2		
O escárnio dos que zombam da segunda vinda	3.3	Diz que as atitudes dos escarnecedores já foram ou seriam previstas pelos apóstolos	
	3.4	Escarnecem, pois, anos se passaram e nada aconteceu.	
A base da história	3.5	Pedro argumenta pela premissa que diziam que o mundo é estável e imutável. Isso é falso	
	3.6	Este é um universo moral, e que o pecado não ficará impune. Como exemplo temos o dilúvio	
	3.7	Algo aguardado depois da parousia.	
A base da Escritura	3.8	Volta para os fiéis para dizer que o tempo de Deus é diferente	
A base do caráter de Deus	3.9	É a longanimidade de Deus que adia a consumação de toda a história.	
A base da promessa de Cristo	3.10	Volta as palavras de Jesus de Mateus 24.43,44	
As implicações éticas da segunda vinda	3.11	A expectativa da volta de Cristo sempre inspira os cristãos a uma vida santa (I Jo 2.28)	
	3.12	Aguardar não implica em inatividade piedosa. Mas ação de santificação Fogo que purifica: usado em I Pe 1.7; Ml 3.33; 4.1; Dn 3; I Co 3.10	
	3.13	Volta ao AT para descrever a esperança Cristã	
	3.14	A premissa é viver em justiça. Uma vida de santidade.	

Pedro cita Paulo como apoio	3.15	É pela longanimidade	Em seguida aconselha os cristãos a que sejam diligentes e santos
	3.16	Paulo fala da mesma coisa, mas por ser difícil de entender deturpam	
Conclusão	3.17	Toda fala de Pedro motivada pelo amor.	
	3.18	Firmeza demonstrada quando termina a carta da mesma forma que começou: falando de crescimento.	

5.4. Teologia da carta

Assim como na primeira carta, a teologia de II Pedro é rica em suas afirmações e contribuições para as igrejas cristãs. Tendo como intento maior a exortação de leitores para que perseverassem na verdade e não caíssem em erros e infidelidade de dias conturbados, o enredo que daqui segue vai desabrochando assuntos teológicos, que com pertinência trabalharemos não exaustivamente aqui. Pedro, além da cristologia e da ortodoxia, faz questão de advertir aqueles que já não acreditavam na segunda vinda de Cristo (*parousia*), trabalhando também a escatologia.

5.4.1. Cristologia

A cristologia tem a mesma tonalidade da primeira carta, seguindo a robustez de alguém que foi testemunha ocular da vida e ministério de Cristo (1.16), permitindo-nos ainda mais detalhes da pessoa de Jesus. Segue alguns tópicos abordados:

*** Ele será revelado do céu com poder e glória**

- *"Pois desta maneira é que lhes será amplamente suprida a entrada no Reino eterno do nosso Senhor e Salvador Jesus Cristo"* (1.11).

*** Ressurreição de Cristo, ascensão e glória**

- *"Porque não lhes demos a conhecer o poder e a vinda do nosso Senhor Jesus Cristo seguindo fábulas engenhosamente inventadas, mas nós mesmos fomos testemunhas oculares da sua majestade. Porque ele recebeu honra e glória da parte de Deus Pai, quando, pela Suprema Glória, lhe foi enviada a seguinte voz: "Este é o meu Filho amado, em quem me agrado." Ora, nós ouvimos esta voz vinda do céu quando estávamos com ele no monte santo"* (1.16-18).

*** Julgamento para seus adversários**

- *"Assim, o Senhor sabe livrar da provação os piedosos e manter os injustos sob castigo, para o Dia do Juízo",* (2.9)
- *"Mas há uma coisa, amados, que vocês não devem esquecer: que, para o Senhor, um dia é como mil anos, e mil anos são como um dia. O Senhor não retarda a sua promessa, ainda que alguns a julguem demorada. Pelo contrário, ele é paciente com vocês, não querendo que ninguém pereça, mas que todos cheguem ao arrependimento. Porém, o Dia do Senhor virá como um ladrão. Naquele dia os céus passarão com grande estrondo, e os elementos se desfarão pelo fogo. Também a terra e as obras que nela existem desaparecerão"* (3.8-10).

Algo interessante é que ao se referir a Cristo, Pedro não usa o termo "filho". Isso somente acontece no capítulo 1 e versículo 17, diante das palavras proferidas na transfiguração de Jesus: "*Este é o meu Filho amado, em quem me agrado*". Entretanto, a associação Petrina a pessoa de Cristo, seja nesse versículo ou em outros, está relacionada a "obra de Deus", n'Ele (filho) estando a bênção e a vida. Ao fazer a citação da aprovação de Deus com relação ao filho, Pedro tem a intenção de mostrar-nos que o filho compartilha da majestade divina com o Pai. A forma de expor essa verdade é vista em outros momentos na carta, com uma expressão diferente e mais comum, como é o uso do título "Senhor". Por três vezes Pedro usa o termo "nosso senhor Jesus Cristo", quatro como "nosso senhor e salvador Jesus Cristo", e uma como Jesus nosso Senhor" (GREEN, 2006).

> Porque essas qualidades, estando presentes e aumentando cada vez mais, farão com que vocês não sejam nem inativos, nem infrutíferos no pleno conhecimento do **nosso Senhor Jesus Cristo** (II Pedro 1.8).
> certo de que estou prestes a deixar o meu tabernáculo, como efetivamente **nosso Senhor Jesus Cristo** me revelou (II Pedro 1.14).

> Porque não lhes demos a conhecer o poder e a vinda do **nosso Senhor Jesus Cristo** seguindo fábulas engenhosamente inventadas, mas nós mesmos fomos testemunhas oculares da sua majestade (II Pedro 1.16).
> Pois desta maneira é que lhes será amplamente suprida a entrada no Reino eterno do **nosso Senhor e Salvador Jesus Cristo** (1.11).
> Portanto, se, depois de terem escapado das contaminações do mundo mediante o conhecimento do **Senhor e Salvador Jesus Cristo**, se deixam enredar de novo e são vencidos, o seu último estado se tornou pior do que o primeiro (II Pedro 2.20).
> para que se lembrem das palavras que, anteriormente, foram ditas pelos santos profetas, e também se lembrem do mandamento do **Senhor e Salvador**, que os apóstolos de vocês lhes ensinaram (II Pedro 3.2)
> Pelo contrário, cresçam na graça e no conhecimento de **nosso Senhor e Salvador Jesus Cristo**. A ele seja a glória, tanto agora como no dia eterno (II Pedro 3.18).

O uso da palavra "Senhor" na epístola de II Pedro é emblemático, uma vez que se faz referência como em dois textos do autor a citações do AT que se referem a Deus Pai (Jeová), usando essa mesma referência agora a Jesus. Todo esse esforço é para preparar um caminho de exposição clara da total divindade de Cristo, o que havia sido conferido em II Pedro 1.1: "*Simão Pedro, servo e apóstolo de Jesus Cristo, aos que conosco obtiveram fé igualmente preciosa na justiça do nosso Deus e Salvador Jesus Cristo*". Nosso apóstolo entende que Jesus não só compartilha, mas também manifesta a glória e a autoridade de Deus Pai, daí o endossamento nos títulos que Pedro confere a Cristo.

3.3.4. Expiação e salvação

De acordo com Michael (2006), a segunda carta é nítida ao afirmar a participação efetiva e a iniciativa divina no plano da salvação. Deus, o soberano, executa seu intento na terra em cumprimento a sua vontade suprema, e cada cristão precisa reconhecer essa atuação por meio de Jesus Cristo. É preciso que os fiéis o conheçam e descansem em sua bondade, pois à medida que o conhecerem melhor, o Pai por meio do seu grande poder dará o que precisam para viverem uma vida verdadeiramente boa, uma vez que Deus já nos fez participantes da sua própria glória e da sua virtude. E não somente isso, a soberania divina é vista em eventos mais específicos da história da humanidade e das particularidades de cada pessoa; ou seja, por esse mesmo poder Deus que nos concedeu todas as outras ricas e maravilhosas bênçãos que nos prometera; como a promessa de nos salvar da imoralidade e da podridão que nos rodeiam, e dar-nos da sua própria natureza (II Pe 1.3,4).

Cristo havia sido prometido antes da fundação do mundo; Ele é a pedra viva, reprovada pelos homens, mas eleita e preciosa para Deus e para a salvação da humanidade. Essa tão grande salvação havia sido anunciada pelos profetas do AT; uma graça que alcançaria os homens por intermédio do sacrifício vicário do Messias. Esses profetas ao falarem tais verdades não diziam por si, falavam inspirados por Deus. Cefas diz que nenhuma profecia da Escritura jamais foi inventada pelo próprio profeta, mas foi o Espírito Santo, no íntimo desses homens de Deus, quem lhes concederam mensagens verdadeiras da parte do eterno (II Pe 1.20,21). Toda essa predição foi confirmada na vida e ministério de Cristo, e exposta por Pedro nessa carta.

> [16]Porque não lhes demos a conhecer o poder e a vinda do nosso Senhor Jesus Cristo seguindo fábulas engenhosamente inventadas, mas nós mesmos fomos testemunhas oculares da sua majestade. [17]Porque ele recebeu honra e glória da parte de Deus Pai, quando, pela Suprema Glória, lhe foi enviada a seguinte voz: "Este é o meu Filho amado, em quem me agrado." [18]Ora, nós ouvimos esta voz vinda do céu quando estávamos com ele no monte santo. [19]Assim, temos ainda mais segura a palavra profética, e vocês fazem bem em dar atenção a ela, como a uma luz que brilha em lugar escuro, até que o dia clareie e a estrela da alva nasça no coração de vocês (II Pe 1.16-19).

A iniciativa de Deus no plano de salvação é repetida nessa carta. Pedro vê seus leitores como escolhidos segundo a presciência divina, e o conjunto de salvos são vistos como a nação eleita. Essas afirmações petrinas tem como objetivo mostrar uma convocação que parte primeiramente de Deus trazendo o povo para ter comunhão com Ele, envolvendo, é claro, por parte dos escolhidos uma vida santa, saindo das trevas para sua maravilhosa luz, além de ser também um chamado ao sofrimento e heranças das bênçãos que daqui se seguem. Viver e seguir a Cristo garante nossa eleição e somos recepcionados no Reino de Cristo, conforme II Pe 1.10,11. Aqui Pedro diz aos irmãos para que trabalhassem com ardor de modo que pudessem provar que estavam realmente entre aqueles que Deus havia chamado e escolhido, pois assim nunca perderiam a firmeza, nem abandonariam a fé. Acrescenta que Deus abriria de par em par os portões do céu para que eles pudessem entrar no reino eterno do nosso Senhor e salvador Jesus Cristo (GREEN, 2006).

Sublinhando ainda mais a iniciativa divina no plano de salvação, Pedro fala sobre o novo nascimento, algo que é produzido pelo próprio Deus; pois segundo suas misericórdias foi Ele que nos gerou de novo para uma viva esperança. Após esse passo da iniciativa celeste vem o crescimento do salvo, uma demonstração perene do potencial desencadeado pelo novo nascimento. Esse crescimento que na primeira carta é trabalhado como leite espiritual puro que provoca amadurecimento (I Pe 2.2), aqui é apresentado como um crescer por meio da graça e do conhecimento de Jesus, sendo um antídoto contra as peripécias dos falsos ensinos e mestres (II Pe 3.18). Cabe ao cristão, no afã de conquistar os dons advindos da aproximação com Cristo, mais do que a fé, é preciso empenho, dedicação e trabalho árduo. Deveriam aprender a conhecer melhor a Deus e descobrir Sua vontade. Também deveriam aprender a pôr de lado seus próprios desejos, a fim de se tornarem perseverantes e piedosos, deixando com satisfação que Deus fizesse o que quer fazer. Tudo isso permitiria um passo seguinte na vida cristã; passariam a apreciar as pessoas e a gostarem delas, e finalmente chegariam amá-las profundamente (II Pe 1.5-7).

3.3.5. Escatologia

Embora todo o arcabouço da salvação em Pedro seja aplicado à vida cristã como um processo, o termo também tem um peso futuro, ou seja, o resultado de toda experiência vivida com Cristo na dinâmica da existência. Essa salvação confirma a eleição e assegura a permanência no Reino eterno do nosso Senhor e salvador Jesus Cristo.

Essa afirmação é amparada dada a necessidade relativamente nova que a igreja estava enfrentando, sendo uma geração distinta daquela que iniciou os trabalhos cristãos em Jerusalém. Os cristãos que receberam a promessa da segunda vinda de Cristo foram perdendo a capacidade de espera em meio a tantas perseguições. Estavam cansados após diversos anos de paciência; por essa razão Pedro usará o recurso da memória dos seus leitores. Nosso apóstolo se esforça em mostrar as diversas profecias que anunciavam a chegada ou a volta de Cristo. Era preciso paciência e esperança; como ainda para todos nós.

UNIDADE IV

AS CARTAS UNIVERSAIS DE JOÃO E JUDAS

Nesta quarta unidade trabalharemos as epístolas joaninas e a carta de Judas. Com singularidades e enredos especiais, essas cartas nos ajudam na compreensão do Evangelho de Cristo, quando em suas instruções nos deixam lições de amor, exortação e fé.

No primeiro capítulo trabalharemos as epístolas de João, trazendo uma introdução, autoria, ocasião da escrita e o local. No segundo capítulo mencionaremos quais foram os destinatários, os assuntos referentes à canonicidade e objetivo do autor em escrever essa carta. Já no terceiro capítulo trabalharemos a natureza, esboço e as questões teológicas. No quarto capítulo voltaremos nossa atenção à carta de Judas, discutindo sua autoria, ocasião, data, local e esboço; em seguida, no quinto e último capítulo, focaremos nos destinatários, canonicidade, objetivo, as questões teológicas e a ligação de Judas com os livros apócrifos.

CAPÍTULO 1

As epístolas de João: Introdução e contexto

Em se tratando de epístolas universais, as cartas de João têm a responsabilidade de afastar a escuridão do erro e das dúvidas que pairavam entre os cristãos daquela época. Era preciso orientar, instruir, iluminar o caminho daqueles que caminhavam em direção à salvação.

Neste capítulo trabalharemos o contexto da época como maneira introdutória ao assunto, também trabalharemos a autoria e a canonicidade da carta, bem como as dúvidas que pairavam sobre esse assunto, a ocasião que levou nosso autor a tal empreendimento e o local da escrita.

1.1. Introdução às epístolas de João

Acreditar e viver as orientações do Evangelho demanda do fiel certas expressões, atos e palavras, o que é exposto na primeira carta de João. Estamos diante de uma afetuosa epístola, uma escrita amorosa de um pai espiritual a seus filhos na fé, exortando-os e instruindo-os a cultivarem a piedade prática que produzirá a aproximação com Deus. João usa meios rígidos de testes a fim de provar a verdadeira espiritualidade dos que diziam viver em amor e dos que de fato viviam. Apesar de estarmos diante de declarações severas em exortações contra a falsa doutrina, temos um tom e tato marcado pelo amor, o que não poderia ser diferente, vindo do conhecido "apóstolo do amor". Declarações que não se eximem em expressar a palavra "amor" e "filhinhos" são as marcas dessa verdade (PEARLMAN, 2006).

A primeira carta do apóstolo João tem a aparência de um discurso solene curto, proferido a um círculo de leitores amigos. Muito parecido com o evangelho de João, essa carta é profundamente teológica e espiritual. Trata-se de um texto com profundas expressões dos atributos de Deus e dos deveres morais dos leitores, levando-os a fugirem dos erros acerca da pessoa de Cristo, exaltando o mestre com profundo e profícuo testemunho em cunho teológico, moral e cristológico.

A segunda carta exorta os leitores a viverem em amor, além de avisar sobre os perigos que corriam aqueles que estavam espalhando erros acerca da pessoa de Cristo, mantendo assim um certo padrão já proferido na primeira epístola. A carta deixa em evidência o coração do discípulo amado João, apesar da dificuldade em delimitarmos o local de escrita, bem como se a mesma foi escrita a uma pessoa em particular ou a uma comunidade cristã.

Em caráter ainda mais pessoal, a terceira carta é dirigida a um certo Gaio, e em tom familiar percebe-se a ligação dessa carta com a segunda, compartilhando a tradição e a crítica, favorecendo missionários que iam de igreja em igreja levando esperança e conforto da palavra a fim de trazer comunhão e paz entre os irmãos.

Diante desse contexto é razoável pensar em um João de cabelos brancos, idade avançada, com certas dificuldades de locomoção, precisando inclusive da ajuda de seus discípulos. Um apóstolo que já não mais possuía o vigor para longos discursos ou extensas reuniões, e que muito aprendera com os equívocos e as tempestuosidades de sua juventude, mas que agora carregava uma verdade que não se cansava em expressar: "***Filhinhos, amai-vos uns aos outros***".

1.1.1. João, um homem transformado

Apesar de considerarmos e conhecermos o discípulo João como o apóstolo do amor, isso nem sempre foi assim. João em alguns momentos demonstrou ser alguém agressivo em suas falas, tendo uma emoção volátil, ora bondoso, ora intolerante. Foi através do encontro com Jesus que teve a vida mudada, transformando-se de maneira perene e ao longo da vida no apóstolo do amor.

João e Tiago, filhos de Zebedeu, trabalhavam como pescadores. Em diversos momentos da caminhada com Cristo, deixaram transparecer certas ambições.

> 35Então se aproximaram dele Tiago e João, filhos de Zebedeu, dizendo: — Mestre, queremos que o

> senhor nos conceda o que vamos pedir. [36]E Jesus lhes
> perguntou: — O que querem que eu lhes faça? [37]Eles
> responderam: — Permite-nos que, na sua glória, nos
> assentemos um à sua direita e o outro à sua esquerda.
> [38]Mas Jesus lhes disse: — Vocês não sabem o que estão
> pedindo. Será que podem beber o cálice que eu bebo
> ou receber o batismo com que eu sou batizado? [39]Eles
> responderam: — Podemos. Então Jesus lhes disse:
> — Vocês beberão o cálice que eu bebo e receberão
> o batismo com que eu sou batizado. [40]Quanto a
> sentar à minha direita ou à minha esquerda, não me
> compete concedê-lo, pois é para aqueles a quem está
> preparado. [41]Quando os outros dez discípulos ouviram
> isso, começaram a ficar indignados com Tiago e
> João. [42]Mas Jesus, chamando todos para junto de si,
> disse: — Vocês sabem que os que são considerados
> governadores dos povos os dominam e que os seus
> maiorais exercem autoridade sobre eles. [43]Mas entre
> vocês não é assim; pelo contrário, quem quiser tornar-
> se grande entre vocês, que se coloque a serviço dos
> outros (Marcos 10.35-43).

Percebe-se algum grau de altivez e necessidade da parte de João em querer, juntamente com seu irmão, estar acima dos demais. João ainda não tinha a dimensão que sua ambição e visão de sucesso não servia para o Reino. Em Cristo o sucesso está em amar. Era comum entre os discípulos a discussão em quem seria o maior, Jesus sempre com cuidado e afeto demonstrava as intenções do reino, nesse caso usando uma criança como exemplo (Lc 9.46,47). João em particular tinha outras limitações na compreensão do que de fato Jesus ensinava. Certa ocasião proibiu um homem que expulsava demônios em nome de Jesus por esse não ser do grupo exclusivo dos doze discípulos. Jesus então disse: "*Não proíbam, pois quem não é contra vocês é a favor de vocês*" (Lc 9.50).

Outro fato seria emblemático na vida de nosso apóstolo como demonstração de sua vida intolerante antes de conhecer de fato a graça de Cristo. Em Lucas 9.51, diz que Jesus antes de ir para Jerusalém enviou mensageiros na frente, a fim de que preparassem um local de pouso ao mestre. Esses discípulos indo numa aldeia de samaritanos e pedindo pouso, não foram recebidos. Diante do ocorrido, Tiago e João perguntaram a Jesus se poderiam pedir para descer fogo do céu e consumir os samaritanos. Jesus os repreendeu. Claramente temos um homem ainda bruto em seu processo lapidativo[59]. Contudo, a presença constante com o mestre o ensinou o caminho a ser trilhado. João viu a forma com que Jesus falava e cuidava das pessoas, viu como tratava com igualdade a todos, viu como abraçava os moribundos e desvalidos, viu como Jesus era próximo de mendigos, excluídos, viu como curava desesperançosos e abatidos. Como discípulo passou a imitar a Cristo, entendeu a necessidade de oferecer a outra face, passou a ver a dor do outro, sentiu empatia, nutriu em si o amor.

Já na última ceia vemos um outro João. Agora com a cabeça no peito de Jesus (Jo 13.25), demonstrava muito mais do que conhecimento e intimidade com o mestre, expressava compreensão de um evangelho que agora estava encarnado. Teve a vida transformada, lapidada, moldada segundo o caráter de Cristo.

João ainda veria o mestre Jesus sendo preso, machucado e crucificado. Muito deve ter chorado em ver aquele que o transformou em outro homem, agora sofrendo por amor. Mas foi ali na cruz que João teria sua maior lição. Viu Cristo dilacerado, com pés e mãos em pregos, buscando sustentar o peso do corpo para respirar, debilitado; contudo, sem abrir a boca ou proferir palavras de maldição contra seus algozes. João aprenderia ali, com dor de Cristo, que o amor precisa ser demonstrado mesmo nos momentos mais difíceis da vida. Pois quem ama, o faz em todo tempo. Com o coração partido, mas com a alegria de quem conviveu com o melhor mestre, ainda receberia uma última incumbência. Jesus vendo sua mãe Maria, disse para ela: *Eis aí João, ele é seu filho*. Olhando agora para seu amigo íntimo diz: *João, ela é sua mãe, cuida dela*; João então leva Maria para casa, com a convicção de que sendo recomendado a tão nobre tarefa havia ganhado a confiança de Jesus, conquanto havia entendido o que era de fato amar. (João 19.26,27).

As cartas de João foram escritas depois de velho, porém, é perceptível que o teor de tais cartas revelam um fervor de um coração ainda jovem pela memória nítida de alguém que caminhou e presenciou em particular a melhor companhia de todas. João agora busca se relacionar com seus leitores da mesma forma em carinho, paciência e amor que foi acolhido por Jesus de Nazaré.

1.2. Autoria e canonicidade

De acordo com John R. W. Stott (2006), era natural na antiguidade começar uma carta anunciando sua identidade. Essa afirmação pode ser atestada nas cartas de Paulo, Pedro, Tiago e Judas. Entretanto, o

59 **Lapidativo**, lapidação: Ato de modelar determinado material, normalmente uma pedra preciosa.

autor da segunda e terceira carta de João simplesmente se intitula o "O presbítero", não identificando-se. A situação ainda se afunila quanto à autoria, ao olharmos a primeira carta; nessa, não contém nenhuma informação sobre o autor ou qualquer saudação introdutória. A primeira carta, apesar de cunho teológico, é também uma mensagem pessoal, dirigida a uma igreja em especial, numa situação especial e que demandava uma atenção peculiar (2.19), o que endossa a necessidade da identidade do autor. Que evidências externas ou internas podemos encontrar para atribuirmos a autoria ao apóstolo João?

1.2.1. Evidências externas

Todas as cartas de João estão inseridas nos manuscritos gregos mais antigos, sendo que somente a primeira carta se encontra na Siríaca[60] e na Latina[61], que eram versões mais antigas da igreja do ocidente e oriente; isso porque a segunda e a terceira carta possuem menores evidências quando comparadas a primeira epístola.

A referência mais antiga das cartas de João entre os pais da igreja vem de Policarpo de Esmirna[62]. Em sua carta aos Filipenses faz alusões aos textos de João, mas sem citar o autor. Papias de Hierápolis[63] fez referência à primeira carta de João por volta do século II. Mais tarde, Irineu de Lião[64] atribuiria a primeira e a segunda carta ao apóstolo João, discípulo de Jesus, mencionando inclusive ser esse o autor do quarto evangelho, fazendo citações em sua obra *Adversus Haereses*[65] de partes das cartas.

Além de Irineu, Clemente de Alexandria[66] cita uma das epístolas de João, Tertuliano[67] fez uso sobejo da primeira carta, Orígenes de

60 **Siríaca**: Versão da Bíblia na língua siríaca. Com o aumento de cristão de fala siríaca o evangelho foi traduzido para esse idioma no segundo século.

61 **Latina**: Textos bíblicos do primeiro século que foram traduzidos do grego para o latim antes da Vulgata.

62 **Policarpo de Esmirna**: (69-155) De família cristã burguesa, foi discípulo do apóstolo João, por quem foi consagrado para ser bispo em Esmirna, Ásia Menor, atual Turquia; Também conheceu outros que conviveram com Jesus.

63 **Papias de Hierápolis**: (70-140) Foi bispo de Hierápolis, na Frigia. Foi contemporâneo e amigo de Inácio de Antioquia e de Policarpo de Esmirna. Teria sido discípulo de João, não o apóstolo.

64 Ver nota 5

65 **Adversus Haereses**: (180 d.C.) Termo em latim que significa Contra Heresias. Material escrito por Irineu de Lion que visava combater heresias da época. Trabalho que rendeu cinco volumes. Do original escrito em Grego hoje somente temos fragmentos, mas a cópia em Latim feita do original chegaram aos nossos dias.

66 Ver nota 6

67 Ver nota 10

Alexandria[68] atribuiu a primeira epístola a João, contudo fez a primeira menção explícita de dúvidas sobre a autoria das duas outras cartas do apóstolo; o cânon de Muratori[69] possui duas passagens relacionadas as obras do discípulo amado; Cripriano[70] citou trechos das epístolas, e Eusébio[71] enumerou a primeira carta entre os *homologoumena*[72], mas colocando a segunda e a terceira entre os *antilegomena*[73].

1.2.2. Evidências internas

Basta uma leitura superficial no evangelho e nas cartas de João para percebermos uma grande semelhança, seja por meio dos conteúdos, que se conectam, ou por meio do quanto os elementos das frases possuem relação de concordância e subordinação. Nota-se uma relação formal que interliga as sentenças, montando uma estrutura literária comum entre o evangelho e as cartas. É visível que o mesmo propósito divino de salvação pode ser visto nas ocorrências das frases nos textos do apóstolo.

Outro dado importante a ser pensado é o fato de que na primeira carta existe a proclamação do próprio autor em ser uma testemunha ocular dos feitos de Cristo, assim como acontece no evangelho de João.

> [1]O que era desde o princípio, o que ouvimos, o
> que vimos com os nossos próprios olhos, o que
> contemplamos e as nossas mãos apalparam, a respeito
> do Verbo da vida [2]— e a vida se manifestou, e nós
> a vimos e dela damos testemunho, e anunciamos a
> vocês a vida eterna, que estava com o Pai e nos foi
> manifestada —, [3]o que vimos e ouvimos anunciamos
> também a vocês, para que também vocês tenham
> comunhão conosco. Ora, a nossa comunhão é com
> o Pai e com o seu Filho, Jesus Cristo. [4]E escrevemos
> estas coisas para que a nossa alegria seja completa.
> [5]A mensagem que dele ouvimos e que anunciamos a

68 Ver nota 2

69 Ver nota 5

70 **Cipriano de Cartago** (200-258 d.C.): Habilidoso com as palavras, foi presbítero em Cartago. Dedicado estudante das escrituras escreveu sobre administração da igreja. Foi severo com aqueles que haviam negado a Cristo sob ameaça de morte, vindo a ser brando mais tarde. Terminou seus dias exilado e decapitado.

71 Ver nota 25

72 **Homologoumena**: livros aceitos como canônicos pela totalidade da comunidade cristã (REIS, 2006, p.134).

73 **Antilegomena**: livros que foram postos em dúvida antes de entrarem para o rol dos canônicos (REIS, 2006, p.134).

> vocês é esta: Deus é luz, e não há nele treva nenhuma (I João 1.1-5).

João, como descrito no evangelho havia visto o batismo de Jesus por João Batista, viu Jesus ensinando, abraçando, demonstrando compaixão para mulher samaritana, viu Jesus não condenando a mulher adúltera, viu Jesus curar, perdoar, além de poder escutar as batidas do coração do mestre, razão que leva o autor a dizer do que viu com seus próprios olhos, contemplado, e suas mãos terem apalpado.

Já na segunda e terceira carta o autor se identifica como "presbítero" ou "ancião". De acordo com Philip (2009), tais títulos indicavam a posição de João entre os da igreja, sendo o mais velho apóstolo vivo e o "líder principal entre as igrejas na província romana da Ásia menor" (COMFORT, 2009, p. 761).

Concluímos dizendo que o autor das cartas foi o apóstolo João. Um dos primeiros discípulos de Jesus, pertencendo ao colégio apostólico; era filho de Zebedeu e fazia parte do círculo íntimo de Jesus que era composto por João, Pedro e Tiago.

O não dar créditos à autoria do discípulo amado pode parecer exagero, porém, temos quem não aceita a autoria de João. Apesar de poucos, são especialistas que acreditam que as semelhanças expressas entre as cartas e o evangelho, o que atestaria a autoria joanina, não se tratam de uma identidade do autor, mas de uma imitação. Contudo, as evidências contra essa observação são superiores e mais alinhadas ao que é coerente e histórico.

Na primeira epístola todo o pensamento e estilo são peculiares ao evangelho; na segunda a lógica e estilo deixa transparecer a mente e o coração do apóstolo João; e na terceira é fácil perceber como a dinâmica literária corrobora para classificá-la como irmã da segunda, consequentemente com o mesmo autor; enfim, detalhes internos já afirmados pelas evidências externas.

1.3. Ocasião, data e local da escrita

Em se tratando da data das epístolas, o tempo nos remete entre os anos 85 à 90 d.C. João, seus discípulos e os demais apóstolos haviam fugido da perseguição, saindo de Jerusalém por volta do ano 70 d.C. Esse grupo teria se reunido em uma província romana da Ásia onde iniciaram um trabalho entre os gentios, sendo essa a razão da escrita do evangelho de João entre os anos 80 à 85. Tendo alguns membros dessa comunidade tomado a decisão de se tornarem um grupo dissidente[74], tornaram-se rivais, ludibriando a fé de muitos, o que motivou João a escrever sua primeira carta para resolver esse problema, censurando os dissidentes e encorajando os irmãos a permanecerem na comunhão. A segunda carta, tendo o mesmo motivo, deve ter sido escrita nessa mesma época (entre 85 e 90 d.C); nela João alerta os fiéis a não receberem os pregadores itinerantes que buscavam adentrar as casas para espalhar falsos ensinamentos. Já na terceira carta, tendo as mesmas características das anteriores, João escreve para elogiar as atitudes de Gaio e reprovar as de Diótrefes, esse último, evidentemente, havia aderido as ideias dos dissidentes. Também escrita entre 85 e 90 d.C (COMFORT, 2009).

Apesar de não encontrarmos nas cartas ou no evangelho, o local na qual foram escritos os textos aqui estudados, as tradições mais antigas afirmam que o apóstolo João teria escrito o evangelho e as epístolas na cidade de Éfeso, capital da província romana na Ásia menor (hoje região oeste da Turquia), grande metrópole da época.

75

76

74 **Dissidente**: Aquele que discorda, divergente, facção. Separação por divergência da opinião central. Quem opta pela dissidência são denominados dissidentes.

75 Imagem disponível em: https://commons.wikimedia.org/wiki/File:Map_of_Lydia_ancient_times-pt.svg

76 **Grande Teatro, Éfeso**: Por Austrian Archaeological Institute - Austrian Archaeological Institute, CC BY-SA 3.0, https://commons.wikimedia.org/w/index.php?curid=15727022

As epístolas de João: destinatários e objetivo

Pela forma de tratamento de João aos seus leitores, percebe-se uma íntima ligação, considerados da família, sendo chamados de filhinhos pelo autor. Eram pessoas que confiavam em João e em seus relatos como testemunha ocular de Cristo. Neste capítulo falaremos sobre os destinatários das cartas, o objetivo de João em escrevê-la e apresentaremos o esboço da epístola.

2.1. Destinatários

Em todas as epístolas não se pode negar que estamos falando de uma comunidade especial de cristãos, daí entendermos que se tratava de fiéis da própria igreja de Éfeso e de igrejas próximas. Eram de todas as idades que careciam de confirmações em amor e graça. Apesar do tom pastoral das cartas, as obras não foram produzidas na paz de um mosteiro ou de uma biblioteca, dada a urgente situação da igreja, João, apesar de amoroso, foi enfático e objetivo.

2.1.1. Leitores da primeira carta

Com caráter dissertativo a um grupo de amigos extremamente próximos, a primeira carta de João foi escrita para a igreja em geral da Ásia menor. Tendo as mesmas características do evangelho já escrito, mas agora com expressões mais tocantes dos atributos de Deus; a carta serviria como um acompanhamento do texto já enviado às igrejas e às famílias cristãs.

2.1.2. Leitores da segunda carta

Como destinatário da segunda carta temos: "*O presbítero à senhora eleita e aos seus filhos, a quem eu amo na verdade — e não somente eu, mas também todos os que conhecem a verdade*" (II João 1:1). Não há consenso entre os pesquisadores em quem seria essa senhora eleita. Alguns acreditam se tratar realmente como apresentado no texto, uma senhora, ou uma mulher em específico, juntamente com seus filhos; pessoas que viviam em alguma igreja de Éfeso ou de uma comunidade próxima. Alguns outros estudiosos acreditam que o uso dessa figura: "senhora eleita", diz respeito a uma igreja local em particular ou em geral, na qual a igreja mãe enviava saudações. Apesar das dúvidas, a natureza da carta aponta para uma escrita mais corporativa, de grupo, e não para um indivíduo em específico. Entretanto, não encerramos esse assunto, pois existem argumentos interessantes e relevantes para qualquer uma dessas explicações, o que não interfere no conteúdo da mensagem, que é o mais importante.

2.1.3. Leitores da terceira carta

A terceira carta de João tem como destino um cristão chamado Gaio. Apesar desse nome ser encontrado em outros lugares do NT (At 19.29; 20.4; Rm 16.23; I Co 1.14), é difícil supor qual desses é o Gaio da terceira epístola de João. Em todo caso, o Gaio em questão foi elogiado pelo apóstolo por ter uma postura de amor e cristã, hospedando missionários que haviam sido enviados e que anteriormente foram rejeitados pelo líder da igreja Diótrefes. Sobre isso daremos mais detalhes no tópico seguinte.

2.2. Objetivo das epístolas

Apesar de já termos sinalizado os objetivos dessas cartas, pontuaremos com mais detalhes as razões que levaram João a escrever essas importantes epístolas. Pensando no objetivo engendrador inicial temos: "*Estas coisas escrevi a vocês que creem no nome do Filho de Deus para que saibam que têm a vida eterna*" (I João 5.13). A intenção de João era reforçar e confirmar ainda mais o Evangelho anunciado, indicando aos leitores que esses já possuíam a vida eterna. Com nítido foco em demonstrar amor aos leitores, o autor não se priva em fazer críticas aos adversários da fé, pessoas que estavam mentindo sobre a divindade Jesus Cristo, invertendo os verdadeiros ensinos, a quem o apóstolo chama de anticristo: "*Quem é o mentiroso, senão aquele que nega que Jesus é o Cristo? Este é o anticristo, o que nega o Pai e o Filho*" (I João 2.22). Aos que negavam a humanidade de Jesus e com isso sua as intenções de Jesus como homem entre os humanos, João diz: "*e todo espírito que não confessa isso a respeito de Jesus não procede de Deus; pelo contrário, este é o espírito do anticristo, a respeito do qual vocês ouviram dizer que viria e que agora já está no mundo*" (I João 4.3). Esses equivocados ensinadores haviam perdido o foco da fé, e andavam de casa em casa pregando mentiras gnósticas acerca de Cristo, uma vez que eram dissidentes da fé cristã genuína.

Após a escrita da primeira carta, a segunda afunila seu foco a uma igreja em específico, como costumeiramente se acredita; ou ainda a um membro particular da família da fé, uma hospitaleira senhora cristã, com propósito de instruí-la contra os falsos mestres; a esses não devendo dar hospitalidade, pois viviam para atacarem os fundamentos do evangelho, ameaçando a sinceridade prática da vida cristã. Aqui é importante frisar que de maneira alguma João orienta a sermos indelicados com aqueles que de alguma maneira são diferentes doutrinariamente, mas o apóstolo se refere a supostos mestres que tinham como intento primário o descredenciamento da fé cristã e da pessoa de Cristo Jesus, andando de casa em casa. Como forma de manter sadia a igreja e evitar desatinos perigosos na comunidade da fé que crescia, era preciso denunciar essas doutrinas erradas, devendo ao cristão da época não aceitar essas visitas e evitar a comunhão com tais inimigos da graça e submetendo sempre a verdade de Cristo.

Sendo a orientação joanina (na segunda carta) do quanto era perigoso ser hospitaleiro, a quem deliberadamente quer fazer uso dessa hospitalidade para desvirtuar o cuidadoso anfitrião, na terceira carta, o discípulo amado tem por objetivo elogiar Gaio por ter sido hospitaleiro com alguns missionários enviados com carta de recomendação a confortar os corações dos irmãos, que dependiam exclusivamente da bondade e hospitalidade de pessoas como o referido Gaio. Por outro lado, João denuncia a tirania e falta de hospitalidade de Diótrefes. Ao que parece o autor havia enviado anteriormente um grupo de missionários a diferentes igrejas; esses, chegando na igreja do líder Diótrefes tiveram a permanência recusada e foram expulsos. Dada a situação, Gaio, um dos membros, movido por íntima compaixão recebeu-os em sua casa. Essa bondade foi relatada a João que elogia o bom homem, instruindo-o a permanecer nesse amor, indicando também a amizade de Demétrio (PEARLMAN, 2006).

Esboço I João

1. O prefácio (1.1-4)	*A essência do evangelho (1.1)* *A garantia do evangelho (1.1,2)* *O propósito da pregação do evangelho (1.3)*
2. Comunhão com Deus (1.5-2.28)	*Andar na luz (1.5-7)* *Conhecimento e confissão de pecado (1.8-2.1)* *Obediência aos mandamentos de Deus em imitação a Cristo (2.2-6)* *Amor com os irmãos (2.7-11)* *Afastamento do mundanismo (v.12-17)* *Doutrina pura (2.18-28)*
3. Filiação divina (2.29-3.24)	*Andar corretamente (2.29-3.10)* *Amar os irmãos (3.11-18)* *A segurança (3.19-24)*
4 . O espírito da verdade e o espírito do erro (4.1-6)	*O apelo (v.1)* *A prova (v. 2)* *O conflito (v.4)* *A oposição (v.5,6)*
5. Deus é amor (4.7-5.3)	*A chamada ao amor (v. 7)* *A razão para o amor: Deus é amor (v.8)* *A prova do amor divino: o sacrifício de deus por nós exige o nosso amor aos irmãos (v. 11)* *O resultado do amor de nossa parte (v. 12-18)* *A prova de nosso amor (v19-21; 5.1-3)*
6. A fé (5.4-12)	*A vitória da fé (5.4,5)* *O tríplice testemunho terrestre da fé (v. 6-8)* *O testemunho celestial (v. 9-12)*
7. Conclusão: a confiança cristã (5.13-21)	*A essência da confiança cristã (v.13)* *A manifestação da confiança cristã (v.1420)* *Exortação final (v.20,21)*

Tabela adaptada de Pearlman (2009)

Esboço II João

1 . A introdução (1-3)	*O ancião e a "senhora aleita" (v.1)* *A verdade que está em nós (v.2)* *Graça e paz (v.3)*

2. A mensagem (4-11)	*Achá-los andando na verdade (v.4)* *Amassem uns aos outros (v.5,6)* *Cuidado com os enganadores (v.7)* *Não percam o galardão (v.8,9)* *Não o recebais em casa (v.10,11)*
3. A conclusão (12,13)	*Desejo de falar pessoalmente (v.12)* *Irmã, a eleita (v. 13)*

2.5 Esboço III João

1. A mensagem a Gaio (1-8)	*João, o presbítero (v.1)* *Gaio, o amigo amado (v.1)* *Preocupação com a saúde e alma de Gaio (v.2)* *Missionários enviados (v.3)* *Filhos espirituais (v.4)* *Hospitalidade digna (v.5,6,7)* *Pregando pela recepção (v.8)*
2. A mensagem concernente a Diótrefes (9,10)	*A recusa de Diótrefes (v.9)* *Desejo de um encontro pessoal (v.10)*
3. A mensagem concernente a Demétrio (11,12)	*Incentivo a Gaio (v.11)* *Demétrio, o oposto de Diótrefes (v.12)*
4. A conclusão e a saudação (13-15)	*Muito o que contar (v.13)* *Desejo de falar boca a boca (v.14)* *Paz seja contigo (v.15)*

CAPÍTULO 3

As epístolas de João: A mensagem e questões teológicas

Neste capítulo nossa atenção recairá para a mensagem transmitida nas epístolas de João, bem como o caráter atual dessa mensagem; ainda abordaremos as questões teológicas em se tratando da natureza da comunhão com Deus, a filiação do cristão, o caráter amoroso de Deus, a obediência cristã e um resumo sobre a cristologia da carta.

3.1. Um certo Cerinto

Como já mencionado, um grupo dissidente espalhava ideias gnósticas entre as igrejas da Ásia. Um conhecido gnóstico de Éfeso era um certo Cerinto, contemporâneo e rival de João. Irineu e Eusébio mencionaram sobre esse tal Cerinto. Um herege que pregava um Jesus que não havia nascido de uma virgem, mas como um filho concebido por vias normais entre José e Maria. Ainda segundo Cerinto foi no ato do batismo que Cristo desceu, em forma de uma pomba, sobre o homem normal Jesus, para que agora sim, tornasse aquele que realizaria milagres entre o povo. Cerinto fazia uma separação entre o homem Jesus e o Cristo como espírito divino. Em sua lógica no momento da crucificação, Cristo separou-se novamente do corpo, ficando somente o Jesus homem para sofrer e ressuscitar. Esses discursos heréticos trouxeram preocupação entre os pais da igreja, fazendo com que João se apressasse em escrever contra tais ensinos.

Uma história curiosa foi registrada por Irineu em seu texto *Adversus Haereses*[77] (Contra Heresias), contada por Policarpo; nele se diz que João, o apóstolo de Cristo, indo "banhar-se em Éfeso, e percebendo que lá estava Cerinto, correu para fora da casa de banhos sem se banhar, exclamando, 'Fujamos, não suceda que até a casa de banhos caia por terra, porque Cerinto, o inimigo da verdade, está lá dentro!'" (STOTT, 2006, p.41).

Pelas situações apresentadas percebe-se a urgência e relevância das cartas de João, devendo conter uma mensagem clara e norteadora.

3.2. A mensagem

Nosso autor, focado em apresentar acerca do tipo de fé e sobre os deveres que os cristãos deveriam nutrir e viver, deixa transparecer na mensagem a ser apresentada a vontade de que seus leitores pudessem ser imitadores de Cristo, emancipados e aptos a boa obra, o que já havia sido desejado e pedido no evangelho segundo escreveu João, antes enviado. As três epístolas aqui focadas, seriam uma espécie de endossamento, somado a urgente necessidade de combate as heresias que cresciam. A título de exemplo, a primeira epístola, mesmo sem saudações ou explicações pessoais, tem como natureza um complemento, uma espécie de comentário do evangelho anteriormente, como dito, enviado aos fiéis.

Complementação da I Carta com relação ao Evangelho	
Até agora vocês não pediram nada em meu nome; peçam e receberão, para que a alegria de vocês seja completa (João 16.24).	E escrevemos estas coisas para que a nossa alegria seja completa (I João 1.4).
Se vocês me amam, guardarão os meus mandamentos (João 14.15).	E nisto sabemos que o temos conhecido: se guardamos os seus mandamentos (I João 2:3).
Eu lhes dou um novo mandamento: que vocês amem uns aos outros. Assim como eu os amei, que também vocês amem uns aos outros (João 13.34).	Por outro lado, o que lhes escrevo é um mandamento novo, aquilo que é verdadeiro nele e em vocês, porque as trevas vão se dissipando, e a verdadeira luz já brilha (João 2.8).

77 Ver nota 70

assim seriam conhecidos como verdadeiros discípulos de Cristo. Aliás, o amor é o ingrediente mais básico da verdadeira fé.

João, na segunda carta alerta as igrejas para os cuidados não somente com os que buscavam entrar nas casas para falsos ensinamentos, mas também aos **falsos professores**, líderes das igrejas que destoavam do verdadeiro ensino de Jesus. Todo espaço para esses falsos professores deve ser minado, extinguido (II Jo 1.7-11).

Dentre as cartas, a terceira lança um incentivo aos irmãos que são gentis com outras pessoas no que tange a hospitalidade, apesar dos problemas que daqui surgiram; João elogia aqueles que honrosamente acolhiam os missionários volantes em suas casas. A **hospitalidade**, em grande desuso na atualidade, é uma prática virtuosa, bíblica e cristã. Sempre que pudermos faz-se necessário a ajuda aos que sobrevivem ministrando, aos que arduamente trabalham pela causa do mestre, pois precisam de parceiros ministeriais, tal como Gaio (III Jo 1.5-10). Enquanto muitos querem os holofotes dos púlpitos, em nossos dias precisamos de Gaios; pessoas afetuosas, hospitaleiras, que servem a Deus na simplicidade e silêncio de sua casa. Os que não conseguem viver na pureza e quietude do serviço cristão podem cair no erro de Diótrefes (III Jo 1.9-11). Esse, descrito como alguém que desejava a liderança, era **orgulhoso**, não hospitaleiro, lutando contra os ensinos do apóstolo João. Apesar da aparente capacidade de liderança, seu egocentrismo e orgulho o desqualificou a prestar um bom serviço para o reino. Era preciso deixar o orgulho e seguir na **fidelidade**, como Gaio e Demétrio. Esses, sim, foram tidos como exemplos de bons servos, tudo o que precisamos para estar no Reino de Deus.

3.2.1. A mensagem de João na atualidade

Além do já dito, a mesma mensagem pregada por João aos cristãos da Ásia menor continua vívida em sua aplicabilidade e importância em nossos dias. Assim como naquela época, muitos hoje, negam nossa natureza pecaminosa, acreditando estar acima da possibilidade de pecar, como também são muitos os que minimizam os efeitos e as consequências do pecado. Acreditar que pelo tempo que possuo como cristão, isso me dá o direito de pensar na impossibilidade do pecado, é um grande erro. Além disso, além de resistirmos a tentação, precisamos estar cientes que podemos cair em transgressão, e quando isso acontecer é preciso admitir o erro e pedir perdão: "*Meus filhinhos, escrevo-lhes estas coisas para que vocês não pequem. Mas, se alguém pecar, temos Advogado junto ao Pai, Jesus Cristo, o Justo*" (I João 2.1).

Outro tema importante a ser resgatado em nossos dias é o amor ao ser humano. Infelizmente, atualmente as pessoas estão sendo caracterizadas como menos importantes que os animais. Em nossa sociedade é crescente a coisificação daqueles que não são do meu agrado, e em nome de uma moral ou dos bons costumes, ou do politicamente correto, desqualificamos ou coisificamos aqueles que estão fora do seu círculo social ou religioso. Hoje, os animais estão tendo mais valor que os seres humanos. É certo que animais devem ser protegidos, cuidados, respeitados, mas amor é uma decisão que se toma em prol dos seres humanos. Jesus morreu para os seres humanos. Ensinou-nos o evangelho que inclui o zelo que devemos nutrir no cuidado com a terra e com os seres vivos; porém, nunca preferiu estar entre cachorros ao invés de humanos. Os evangelhos não dedicam tempo ou espaço para evidenciar um Jesus tecendo orientações ou explanações sistematizadas do amor a gatos, cachorros ou pássaros, apesar de ter falado sobre eles, dizendo que inclusive o Pai os sustentam, mas sempre tendo o ser humano como prioridade (Mt 6.26). Conviver e respeitar os bichinhos deveria estar no campo da normalidade; pessoas amadas e que se respeitam, terão condições de viver entre os bichos de maneira adequada.

A orientação de Cristo e do apóstolo João, é para que vivamos entre os seres humanos e com esses possamos interagir. Um machado para ficar apto ao corte precisa ser afiado. A cada afiamento, faíscas e pedaços de ferro são retirados; à medida que este fica menor a cada passar da lima, também fica apto ao corte. É dessa forma que precisamos entender nossas relações de atritos. Se permitirmos ser afiados, deixaremos pedaços pelo caminho para o bem do afiamento e dos relacionamentos. Assim exercitamos o carinho, o respeito, a longanimidade, a tolerância, a paciência, o domínio próprio. Tudo isso precisa ser exercitado, pois não nascemos prontos. A dica é: usa-se objetos, gosta-se de bichos e ama-se pessoas; lembrando que amor não é sentimento e sim uma decisão a ser tomada.

Continuando nos temas de João que necessitam de resgates em nossos dias, temos a verdade de Cristo. Atualmente, Cristo tem ficado de lado, uma vez que são muitas as iguarias físicas das religiões, se apresentando como autênticas na dinâmica da fé. Tão altamente se limitam aos aspectos físicos e aos detalhes favoráveis aos olhos, fazendo com que a religião se torne um engessamento de padrões que nega a essência do que é mais relevante. Obviamente que o aspecto visual e físico é importante, desde que o tipo não esteja acima do antítipo, ou que a carroça não esteja à frente dos bois. Muitos vivem agarrados a sombra, ao invés do "corpo" que dá sentido a ela.

Jesus em certa ocasião disse aos fariseus: "*O sábado foi feito por causa do homem, e não o homem por causa do sábado*". É comum a confusão que os seres humanos acabam fazendo, focando naquilo que Jesus não focaria. Daí a supervalorização do homem, do profeta, do livro, da imagem, do templo, do domingo, dos líderes espirituais, dos dogmas, das regras, dos usos e costumes, das denominações, do tempo. Todo esse enredo da religião veio (ou ao menos deveria vir) como ponte pedagógica para evidenciar uma verdade. Mas não é a verdade, só veio apontá-la (ou deveria). Jesus é a verdade que está acima de qualquer adereço ou analogia que busca explicá-lo. Essa é a verdade de João: Cristo é o caminho, a verdade e a vida.

3.3. Questões teológicas

Sem a intenção de ser exaustivo no abordar do assunto, ou minimamente ter a presunção de abranger toda a robustez da carta no que se refere a assuntos teológicos, buscaremos, sucintamente, apresentar alguns temas importantes dentro do arcabouço da teologia.

3.3.1 Natureza da comunhão com Deus

João experimentava a comunhão e a alegria de estar em Cristo, sendo a razão que o esperançava em ver seus leitores partilhando dessas mesmas convicções (I Jo 1.3). Expressando ainda melhor a beleza dessa união, João pondera atributos da parte do eterno. No versículo cinco mostra que Deus é luz, e que nele não há escuridão nenhuma, por essa razão dizer que se tem comunhão com ele, ou dizer que é amigo de Deus e continuar a viver na escuridão espiritual e no pecado, essa pessoa seria mentirosa; pois uma vez que se vive na luz da presença de Deus em Cristo, então temos alegria e uma comunhão maravilhosa uns com os outros, pois o sangue de Jesus nos purifica de todo pecado. O que João está dizendo é que existe a necessidade do homem, que diz estar em Deus, ser transformado (I Jo 1.7 a 2.2).

Ter esse envolvimento com a Trindade por meio da comunhão significa estar em sintonia e conformidade com tais atributos ou qualidades de Deus, expressas por meio de Cristo que é a base de tudo; uma vez que negamos Jesus as benesses se findam.

> [22]Quem é o mentiroso, senão aquele que nega que Jesus é o Cristo? Este é o anticristo, o que nega o Pai e

o Filho. [23]Todo aquele que nega o Filho, esse não tem o Pai; e aquele que confessa o Filho tem igualmente o Pai. [24]Permaneça em vocês o que vocês ouviram desde o princípio. Se o que ouviram desde o princípio permanecer em vocês, também vocês permanecerão no Filho e no Pai. [25]E esta é a promessa que ele mesmo nos fez: a vida eterna (I João 2.22-25).

3.3.2. A filiação do cristão

Ter a alegria de ser chamado filho vai além da comunhão com o pai celestial, diz respeito a nossa adoção como filhos. Como filhos precisamos seguir os exemplos do pai em ser santo.

> [29]Se sabem que ele é justo, reconheçam também que todo aquele que pratica a justiça é nascido de Deus. [1]Vejam que grande amor o Pai nos tem concedido, a ponto de sermos chamados filhos de Deus; e, de fato, somos filhos de Deus. Por essa razão, o mundo não nos conhece, porque não o conheceu. [2]Amados, agora somos filhos de Deus, mas ainda não se manifestou o que haveremos de ser. Sabemos que, quando ele se manifestar, seremos semelhantes a ele, porque haveremos de vê-lo como ele é. [3]E todo o que tem essa esperança nele purifica a si mesmo, assim como ele é puro (I João 2.29; 3.1-3).

Ainda sobre santidade, trazendo Cristo ao centro, Jesus, aquele que não pecou, veio ao mundo para resgatar o homem do pecado, e assim como Jesus é, devemos ser (3.4 a 10), para sermos chamados filhos e pertencermos a família de Deus. O amor esboçado por todos nós através do sacrifício vicário de Cristo deve ser nosso modelo da vida em amor (3.11à 18). Enfim, entender o caráter de Deus, a atuação do filho e a necessidade do Espírito santo é experimentarmos todas as bênçãos advindas para aqueles que são filhos (3.19-24). Contudo, em hipótese ou momento algum, Cristo não pode ser negado. A simples negação de sua natureza, conforme estavam fazendo alguns, retiram da raça humana todas as bênçãos dessa filiação.

3.3.3. Deus de amor

"*Amados, amemo-nos uns aos outros, porque o amor procede de Deus, e todo aquele que ama é nascido de Deus e conhece a Deus. Quem não ama não conhece a Deus, pois Deus é amor*" (I João 4.7,8).

Outra qualidade divina expressa por João é o amor; Deus é amor. É por essa razão que devemos amar uns aos outros (I Jo 2.10). Além disso, em Deus o amor é a grande demonstração daquilo que é mais essencial no Pai. Tal é esse amor que por meio dele, Cristo e sua morte em favor da humanidade é a grande expressão desse amor sem medida. Contudo, a filiação e o amor ao próximo são necessários para abraçar e ser abraçado por esse amor (4.21). É preciso crer em Deus, na vida eterna, no envio de seu filho, na sua humanidade, divindade, e seu sacrifício, para experimentarmos o perdão, a santificação e a felicidade cristã em Cristo (5.19).

3.3.4. Obediência a Deus

Quando alguém acredita que Jesus é o Cristo, o filho de Deus, o salvador, esse passará a ser chamado de filho de Deus. É certo que automaticamente todos os que amam ao Pai também irão amar seus filhos, ou seja, cada cristão deve nutrir amor entre seus irmãos e irmãs, estando ligados à família de Deus. Tudo isso acontece pelo grau de obediência a Deus, pois amar a Deus significa fazer o que Ele manda, e isso, na realidade, de acordo com João, não é difícil, pois todo filho de Deus pode obedecer-Lhe, derrotando o pecado e os prazeres pecaminosos pela confiança no auxílio de Cristo (I Jo 5.1-4).

3.3.5. Cristologia

João não titubeia ao apresentar o Cristo ressurreto. Primeiramente apresenta-nos diante de uma apresentação histórica, Cristo sendo enviado (I Jo 4.9,10,14), em seguida apresenta-nos sua manifestação (I Jo 1.2; 3.5,8; 4.9). Diz que sua vinda foi em carne (I Jo 4.2; II Jo 7), e por meio de "água e sangue" (I Jo 5.6), com isso queria mostrar a fisicalidade do fenômeno, dizendo que foi real. Após a apresentação de seu nascimento, batismo e morte, João apresenta seu testemunho apostólico daquele que foi visto, tocado e ouvido (I Jo 1.1-3; 4.14). João ainda apresentaríamos um Cristo que tinha a unção do Espírito Santo, sendo por meio deste, que o mestre nos ensinou e nos orientou (I Jo 2.20, 27). Sobre isso nos fala John Stott:

> A base da nossa certeza quanto a Cristo não mudou. O fato de que lemos as epístolas de João no século

vinte e não no primeiro não faz diferença. A religião cristã ainda está ligada ao evento histórico de Cristo e ao testemunho que os apóstolos deram dele. Nesta doutrina de Cristo temos que permanecer. Ir além dela levar-nos-á inevitavelmente ao erro e, daí, à ruína. O dever dos ministros cristãos hoje é seguir o apóstolo João, não os falsos mestres. Não devemos levar os nossos ouvidos da igreja a novéis doutrinas, mas recordar-lhes o que ouviram "desde o princípio". Ademais, aos que creem no Jesus histórico como base no testemunho único das testemunhas oculares apostólicas, agora preservado no Novo Testamento e exposto pela igreja, é assegurado o testemunho contemporâneo e confirmativo do Espírito Santo no íntimo deles (STOTT, 2006, p.45,46).

CAPÍTULO 4

Judas: Combate em nome da fé genuína

A carta de Judas possui semelhanças com a epístola de Pedro, pois ambas trabalham sobre a apostasia da igreja, inclusive mencionando os líderes que encabeçavam essa apostasia (PEARLMAN, 2009). Sabendo dos propósitos da epístola que era advertir os cristãos contra os apóstatas, neste capítulo analisaremos os pormenores ligados a autoria da carta, canonicidade, ocasião, data, local, divisão da carta e esboço.

4.1. Autoria e canonicidade

De maneira rápida podemos partilhar o que seria para os estudiosos a autoria comum dessa carta: Judas, o irmão de Tiago, uma vez que tal afirmação está logo no versículo primeiro: "*Judas, servo de Jesus Cristo e irmão de Tiago, aos que foram chamados, são amados em Deus Pai e guardados em Jesus Cristo*". Sendo Judas um nome comum entre os judeus, temos a seguinte pergunta: De que Judas estamos falando? E qual Tiago?

4.1.1. Provas externas

Em 200 d.C. a carta já era usada nas principais igrejas antigas como em Alexandria, Roma, e na África. Ou seja, estamos dizendo que a comprovação dessa carta ao longo dos anos é boa, além de antiga. O famoso cânon muratoriano cita-a, além de termos Tertuliano reconhecendo-a como um documento cristão autorizado. Além desses,

Clemente de Alexandria escreveria um comentário sobre a carta; Orígenes via-a como autêntica, apesar de ter mencionado que havia certas dúvidas em seus dias; Policarpo, Barnabé e Atenágoras[78] citam a epístola no segundo século, aqui comprovando que a carta não poderia ter sido escrita depois de finalizado o primeiro século; Eusébio tem a carta entre as disputadas, embora ela não foi aceita no cânon Sírio, isso porquê Judas faz citações de textos apócrifos, o que não era bem visto no oriente, diferentemente do ocidente que ter a citação de um livro apócrifo dava mais estaturas as obras referidas. Por conta desse alinhamento de Judas com livros apócrifos, Jerônimo menciona um dos livros usados por Judas, o livro de Enoque. Isso fez com que muitos passassem a rejeitar a epístola, sendo que já no fim do século IV, Dídimo[79] de Alexandria ainda buscava defender a carta contra os que a negavam por seu conteúdo apócrifo (GREEN, 2006).

Quanto a autoria, Clemente de Alexandria e Epifânio[80] diziam que a carta havia sido escrita por Judas, irmão de Tiago, e de Jesus. Apesar de muitos pais da igreja classificarem Judas como sendo um dos apóstolos, o fazem pela noção comum entre as pessoas da época que compartilhavam dessa mesma ideia (Gl 1.19), porém, Judas não foi um dos apóstolos de Cristo. Voltando ao fato de que o autor era irmão de Tiago e de Jesus, podemos fazer as seguintes considerações de acordo com Michael (2006):

· O Judas autor não poderia ser o apóstolo Judas, também conhecido como Tadeu (Mt 10.3), haja vista não existir nenhuma prova de que esse discípulo era irmão de Tiago.

· Se o escritor de Judas fosse um apóstolo, não teria a necessidade de se apresentar como “irmão de Tiago”.

· Havia somente um Tiago em sua proeminência e conhecimento popular: o irmão de Jesus (Tg 1.1; Gl 1.19; 2.9; I Co 15.7).

· Judas e Tiago estiveram com os apóstolos depois de sua ascensão (At 1.14; I Co 9.5)

4.1.2. Quem foi Judas?

Pouco se sabe sobre a vida desse autor, o irmão de Jesus. Como Tiago, Judas não havia crido em Jesus desde o início, pelo contrário, o haviam rejeitado (Mc 3.21) e ridicularizado (Jo 7.1-5) conforme nos

78 **Atenágoras** (133-190 d.C.): Apologista cristão em favor da fé cristã, viveu em Atenas.

79 **Dídimo** (313-398 d.C.): Cego, foi diretor da escola catequética de Alexandria. Seguidor de Orígenes escreveu obras sobre o Espírito Santo, Trindade e contra os Maniqueus.

80 **Epifânio** (310-403 d.C.): Foi bispo da cidade de Salamina e da ilha de Chipre no final do século IV. Ficou conhecido como grande defensor da ortodoxia cristã.

conta Phillip (2009). Foi após a ressurreição de Jesus e seu aparecimento que seus irmãos foram convencidos e convertidos. Os dois irmãos de Jesus acabaram se tornando testemunhas de Cristo e líderes da igreja ainda jovem.

Os descendentes de Judas foram citados por Eusébio. Esse nos diz que nos tempos do imperador Domiciano[81] (51-96 d.C.), esse imperador deu ordem para que todos os descendentes de Davi fossem mortos. Malfeitores heréticos aproveitaram a oportunidade para acursarem os descendentes de Judas como sendo da família de Davi, haja vista Judas sendo um dos filhos de José, era, segundo a carne, meio irmão de Jesus, e, portanto, descendia do rei Davi. Eusébio ainda continua contando que os descendentes de Judas deram boas confissões de fé cristã diante dos seus algozes. Foram soltos após comprovarem por meio de suas mãos calejadas que não tinham aspirações políticas, nem reivindicariam o trono, uma vez que o reino que almejavam não era deste mundo.

4.2. Ocasião e data

Judas tinha pressa. Era preciso rapidez no envio de uma mensagem clara, a fim de lidar com um surto de falsos ensinamentos. Antes, Judas tinha planejado em escrever alguns pensamentos a respeito da salvação, porém naquele momento, viu que em vez disso deveria escrever uma outra coisa, conclamar os leitores para que pudessem defender bravamente a verdade que Deus, uma vez por todos, entregou ao seu povo para conservar sem mudança através dos anos. Isso porque alguns mestres ímpios infiltraram-se entre o povo, dizendo que depois que se tornaram cristãos poderiam andar como quisessem, sem medo do castigo divino. Judas diz que o destino de tais pessoas já haviam sido escrito a muito tempo, pois elas se voltaram contra o próprio mestre Jesus (v.3,4).

A data precisa de quando a heresia fez Judas escrever um outro tipo de carta, não podemos saber, mas por meio de evidências externas e internas, podemos deduzir que a carta tenha sido escrita entre os anos 60 e 140 d.C. Levando em consideração que Judas era o meio irmão de Cristo mais novo, poderia este ter vivido até a década de 80, e ter como afirma Green (2006), escrito sua carta em qualquer tempo nos dez ou quinze anos anteriores.

Admitindo que a segunda carta de Pedro tenha dependido dos textos de Judas, muito provavelmente esta epístola deve ter sido escrita alguns

81 **Imperador Domiciano**: Tito Flávio Domiciano. Foi imperador romano de 81 até 96. Era casado com Domitila.

anos antes de II Pedro (65 a 67). Assim podemos situar sua composição no ano 64 ou 65, aproximadamente.

4.3. Local da escrita

Das poucas certezas que temos, sabemos que tanto Tiago quanto Judas, ambos irmãos de Jesus, eram ativos na igreja de Jerusalém, porém Paulo em I Co 9.5 deixa-nos a ideia de que Judas e sua esposa foram missionários itinerantes: "*Será que não temos o direito de levar conosco uma mulher crente como esposa, como fazem os demais apóstolos, os irmãos do Senhor e Cefas?*". Se isso realmente foi verdade, Judas poderia estar e ter escrito essa carta de qualquer lugar do império Romano.

Outro detalhe a ser levado em consideração é a similaridade dessa carta com a epístola de Pedro. Tais semelhanças nos rementem ao fato de que ambas foram escritas próximo da mesma época, uma vez que foram confeccionadas para trabalharem acerca do mesmo problema. Como em nenhuma das cartas, temos a menção da destruição de Jerusalém, que aconteceu no ano 70 d.C., pelo general Tito, também supomos que elas tenham sido escritas antes dessa data e muito provavelmente na Palestina ou mesmo em Jerusalém.

4.4. Divisão da carta e esboço

De acordo com Moacir Viana [s.d.], a carta de Judas pode ser dividida em duas partes: **O castigo dos falsos mestres** (5-7) **e o caráter em geral** (8-19). Para os preenchimentos dos assuntos que procedem dessas partes, Judas recorreu a outras fontes, como textos de Paulo (II Tm 3.8; At 17.28; e Tt 1.12), ou ainda outras fontes fora do cânon sagrado, como os livros apócrifos Assunção de Moisés e o Livro de Enoque.

Uma das características marcantes da carta é o emprego de trios pelo autor. Vejamos o versículo 2: "*Que a misericórdia, a paz e o amor lhes sejam multiplicados*". Nesse texto temos a triplicação da saudação e da benção, e isso não é usado como uma simples coincidência ou erro, mas uma marca registrada no estilo literário de Judas, que irá se repetir ao longo da carta. Num outro texto vemos três exemplos de justiça divina: judeus incrédulos, os anjos rebeldes e as cidades da planície.

> Embora vocês já estejam cientes de tudo de uma vez por todas, quero lembrar-lhes que Jesus, tendo libertado um povo, tirando-o da terra do Egito, destruiu, depois, os que não creram. E a anjos — os que não guardaram o seu estado original, mas abandonaram

o seu próprio lugar — ele tem guardado sob trevas, em algemas eternas, para o juízo do grande Dia. Igualmente Sodoma, Gomorra e as cidades vizinhas, que também se entregaram à imoralidade e adotaram práticas contrárias à natureza, foram postas como exemplo do castigo de um fogo eterno (Judas v.5-7).

Um outro trio será visto em Judas v.11: "*Ai deles! Porque seguiram o mesmo caminho de Caim e, movidos por ganância, caíram no erro de Balaão, e foram destruídos na revolta de Corá*". Nesse ponto temos três tipos de maldades: A de Caim, Balaão e Coré. Ainda falando dos falsos profetas, Judas nos dois versículos a seguir traz à tona novamente mais uma característica dos trios; três classes de homens maus; a saber são: os murmuradores, queixosos da sorte e os obstinados: "*Esses tais são murmuradores, pessoas descontentes que andam segundo as suas paixões. A sua boca vive falando grandes arrogâncias; adulam os outros por motivos interesseiro*s" (v.16).

Por fim, a característica no uso dos trios aparece mais uma vez nos versículos 22 e 23. Aqui o autor fala de três maneiras para lidar com os que erram: "*compadecei-vos dos duvidosos, salvai-os, tirando-os do fogo; sede compassivos em temor. E tenham compaixão de alguns que estão em dúvida; salvem outros, arrebatando-os do fogo; quanto a outros, sejam também compassivos, mas com temor, detestando até a roupa contaminada pela carne*".

4.4.1. Esboço

O autor e seus leitores	***O irmão de Jesus (1)*** ***Misericórdia, paz e caridade (2)***
A carta que Judas não escreveu, e a carta que escreveu	*Desejo de escrever sobre a salvação (3)* *Falsos ensinadores na igreja (4)*
Três lembranças de advertências	*O senhor salvou-os da terra do Egito, e destruiu os que não creram (5)* *A punição dos anjos rebeldes (6)* *Cidades destruídas pelo fogo (7)*
Aplicadas as analogias do julgamento	*Acusação aos falsos profetas (8)* *Miguel não proferiu juízo de maldição à Satanás (9)*

Diatribe contra os falsos mestres	*Os falsos profetas vituperavam a autoridade celestial (10)* *Os perigos de se viver como quer (11)* *Festa da caridade (12,13)*
A profecia de Enoque aplica-se a eles	*Enoque, o sétimo depois de Adão (14)* *O retorno do Senhor em Gloria (15)* *Iniquidades cometidas em rebelião (16)*
As palavras dos apóstolos se aplicam a eles	*Lembrar as palavras dos apóstolos (17)* *Os últimos dias (18)* *Falsos mestres não possuem o Espírito de Deus (19)*
Exortações aos fiéis (20-23)	*Se levantem contra os falsos ensinos (20)* *Vivam na caridade de Deus (21)* *As vítimas dos falsos ensinos (22, 23)*
Doxologia (24,25)	*Deus é poderoso para guardar (24)* *Qualidades do nosso Senhor (25)*

Judas: Questões teológicas e livros apócrifos

Quem seriam os destinatários dessa célebre carta de Judas? Quais seriam os objetivos que deveriam ser alcançados? Neste capítulo discutiremos além dos leitores e objetivo, as questões teológicas que envolvem a carta e a ligação da mesma com os livros apócrifos.

5.1. Destinatários

Os destinatários são saudados em termos gerais, o que pode ser facilmente deduzido que se trata de uma carta enviada a qualquer cristão, ou a todos. Contudo, analisando o uso que o autor faz do AT e das transições judaicas, deduzimos que ele se dirige a cristãos vindos do judaísmo, ou seja, estamos falando de comunidades judaico-cristãs, provavelmente da Ásia menor, como os leitores das cartas de Pedro.

Como o público petrino era diverso, e tendo Pedro usado judas na composição de sua segunda carta, supomos que os equívocos combatidos primeiramente por Judas, surgiram e se alastraram primeiramente no sudoeste da Ásia menor (v4 – tempo passado). Mais tarde, conhecendo os leitores por meio da carta de Judas, e temendo que os falsos ensinos chegassem ao norte da Ásia menor, onde estavam os destinatários da primeira carta de Pedro, foi então na segunda, que o apóstolo Simão resolver escrevê-los alertando-os de uma possível propagação de heresias entre eles.

Resumindo, os destinatários seriam cristãos das comunidades espalhadas pela Ásia Menor, ou, não é exagero pensar que pode se tratar de cristãos em qualquer outro lugar.

5.2. Objetivo da carta

Qualquer declaração tirada do contexto pode mudar o significado das palavras. Essas eram as intenções dos falsos professores, alvo das críticas de Judas. Apesar da juventude da igreja, não eram poucos os mentirosos que buscavam distorcer a palavra do evangelho. Tinham como motivação o dinheiro e o poder. Por isso era salutar que Judas, o autor, viesse a advertir os cristãos contra os falsos doutores que minimizavam a fé numa crença especulativa e profissão exterior. Queriam na verdade fazer dos cristãos seres insubordinados, indisciplinados, opositores da decência.

5.3. Questões teológicas

Já sabemos que Judas escreve objetivando advertir os cristãos acerca da influência maléfica dos falsos mestres da fé. Esse problema impulsionou nosso autor a convocar os verdadeiros salvos a lutarem pela fé que uma vez por todas foi entregue aos santos. Apesar da carta de Judas não ter um caráter teológico, sua mensagem é apropriada no entendimento do que são e como agem os falsos profetas e como acontece a apostasia.

5.3.1. Falsos profetas

Os falsos profetas possuem características bastante peculiares. Eles rejeitam a soberania de Cristo, pois uma vez que buscam seus próprios interesses corrompem o reino e a pessoa mais importante dele: Cristo; eles pervertem a graça e sujam a muitos, destruindo a fé dos incautos com mentiras (v4); eles se infiltram, adentram sem serem convidados, o que demonstra o quanto são perigosos; são impuros sexualmente, vivem vidas pecaminosas e imorais, desonram seus próprios corpos, e caçoam dos que presidem sobre eles (v.8); são gananciosos como Caim, amantes do dinheiro como Balaão, adoradores de mamon como Coré (v.11); dão escândalos, comem gulosamente e empanturram-se sem se preocuparem com os outros; são como nuvens sem chuva que o vento carrega sobre a terra seca, prometendo muito mas não realizando nada; são como árvores frutíferas, sem nenhum fruto na ocasião da colheita (v12); seus rastros são de vergonha e desonra, como a espuma suja deixada pelas ondas bravas ao longo da praia; andam de um lado para outro parecendo brilhantes como estrelas, mas adiante deles estão a escuridão e as treva eternas (v.13); são eternos insatisfeitos, exploradores constantes, possuem vontades perversas; são exibicionistas, espalhafatosos, e quando mostram consideração para com os outros, é só para conseguir deles alguma coisa em retribuição (v.16); são escarnecedores, cujo único propósito na vida é deleitar-se em todas as formas de maldade que se possa imaginar (v.18); provocam discussões e divisões, amam as coisas pecaminosas do mundo, não possuem o Espírito de Deus (v.19). Sobre esses virá o juízo divino. A Bíblia diz: Ai deles! (v.11)

Em nossos dias essa triste realidade ainda se aplica. Muitos são os falsos profetas que fazem caras e bocas dentro de um cenário (templo) na tentativa de ensinarem como devemos viver, mas são interpretações não factíveis, pois não são naturais. E quase sempre suas fraquezas são expostas, quando cheios de si, evidenciam seus métodos "infalíveis".

Jesus nos assenta no chão da vida, da realidade. Por isso, melhor do que ser um doutor em divindades, apóstolo, líder de célula, dirigente é ser o que Jesus quer que sejamos: um melhor filho, uma boa mãe, um pai amoroso, não espancador, um excelente patrão e empregado, um cumpridor das obrigações enquanto cidadão, um bom pagador, honesto, temperado, bondoso, pacificador, que domine a si próprio, alguém que faça o que é direito, mesmo que não exista quem o veja; alguém que ame o próximo; alguém que tenha a felicidade como estado de consciência em Cristo e não uma busca no que é externo. Enfim, ser igual Jesus, assentado no chão da vida, com a firmeza e a consciência necessária para ser acima de tudo um ser humano como Cristo quer que sejamos. Foi assim que ele nos fez, aguardando com mansidão, temor e vida piedosa a volta de nosso Jesus Cristo.

5.3.2. Apostasia

Outro aspecto apontado por Judas é a apostasia, ou o afastamento de Cristo. Para tanto, Judas apresenta exemplos do AT na qual pessoas se afastaram e foram punidas severamente. É certo que o afastamento aqui proferido é aquele que acontece por via da razão; deliberadamente e conscientemente decide-se afastar da graça que antes havia acolhido, e não só isso, também deliberadamente e conscientemente a pessoa decide pregar um outro evangelho, negando a eficácia da cruz. É partindo desse pressuposto que Judas ilustra essa verdade no versículo

5, pedindo aos leitores que lembrassem que o Senhor havia salvo o povo de Israel no deserto; uma nação inteira foi salva, contudo, foram mortos por **desobedecerem** e não confiando nEle, **decidiram** corromper a nação. Ainda no verso 6 Judas diz que era preciso lembrar daqueles anjos que antes eram puros e santos, mas que se voltaram **voluntariamente** para uma vida de pecado. Agora Deus os conserva acorrentados em prisões de escuridão (v.6,7). Os apóstatas decidiram **rebelar-se contra** Deus (v.15).

A verdade é que apostatar-se da fé não é um simples duvidar, ou com tristeza ou raiva momentânea proferir palavras cujo arrependimento brota em seguida. Estamos falando de um ato deliberado e consciente, uma bandeira levantada contra os princípios da fé cristã.

5.4.4 Ligação com os livros apócrifos

Assunção de Moisés e o livro de Enoque. Pelo menos esses dois livros apócrifos foram citados e eram conhecidos por Judas. Falando primeiramente do livro de Enoque, percebe-se que Judas cita-o de maneira livre, mesmo sendo um livro apócrifo extenso, que supostamente foi escrito em períodos distintos (século I a.C. a século I d.C.).

O versículo 15 de Judas é uma citação de Enoque 1.9. No versículo 14, Judas chama Enoque de “o sétimo depois de Adão”, sendo a mesma descrição que se vê em Enoque 40.8. Ainda os versículos 6 ao 13 de Judas são menções de textos de Enoque.

Agora falando do livro Assunção de Moisés, a dependência é bem parecida. Esse livro, que foi escrito por volta do século I d.C., e era muito conhecido por Orígenes, Clemente e Dídimo, foi um texto conhecido e respeitado pela igreja primitiva. Judas faz questão de citá-lo em sua carta, dando-nos a impressão de que era um livro importante, além de conhecido por seus leitores.

Não é de se estranhar que os escritores do novo testamento fizeram pouco uso de textos apócrifos, uma vez que muitos deles continham inverdades ou histórias populares que poderiam facilmente ser confundidas como doutrinas. Outrossim, os escritores poderiam perfeitamente aceitar algumas dessas histórias populares como verdadeiras, sem de fato descredenciar o que estavam escrevendo. Falamos isso, pois alguns estudiosos acreditam que a história mencionada sobre a disputa de Miguel e Satanás era um mito inventado na época e que ganhou força em diversos textos. Porém, esses mesmos estudiosos creem que mesmo que Judas soubesse acerca do mito, ainda assim poderia usar a história como argumento ilustrativo, pois se tratava de algo comum aos leitores. Diante disso, não é simples descredenciar um texto dessa natureza, uma vez que existem outras passagens na bíblia que corroboram com a visão de Judas acerca do que alguns consideram mito.

O fato é que os apócrifos aceitos anteriormente pela igreja primitiva, por Clemente de Alexandria, Tertuliano, Barnabé e outros, mas tarde passariam a ser enxergados como perigo e suspeita por Agostinho e Crisóstomo; chegando ao ponto de Dídimo de Alexandria pedir para que a citação dos apócrifos em Judas não fosse levada em consideração, salvando a epístola.

Conclusão

O propósito deste estudo está alicerçado na rica contribuição doutrinal de um dos momentos áureos de ensino das verdades da fé cristã para a humanidade. Falamos de um tempo em que foi possível confirmar e defender a fé para que a igreja pudesse caminhar de maneira sadia, chegando aos nossos dias.

Por essa razão começamos nosso estudo analisando a carta aos Hebreus, texto escrito tendo por finalidade impedir os recém judeus cristãos retornarem ao judaísmo, de onde tinham saído. Em ato contínuo voltamos nossa atenção à carta de Tiago, irmão de nosso Senhor Jesus; aqui discutimos a vontade do autor em consolar os cristãos dispersos que passavam por duras provações, além de corrigir erros nas reuniões e combater aqueles que buscavam separar a fé das obras. Após Tiago, trabalhamos as epístolas do apóstolo Pedro; nelas o autor busca encorar seus leitores, animando-os a resistirem firmes, além de apresentar de maneira profética a apostasia que os rondava. As cartas de João também foram analisadas. Percebeu-se o objetivo do apóstolo em conclamar os cristãos a amarem uns aos outros, a não pecarem, que reconhecessem os frutos da vida eterna, que não hospedassem falsos mestres, e que Gaio fosse visto como exemplo de hospitalidade. Por fim, trabalhamos a epístola de Judas. O irmão de Jesus, tinha pressa ao alertar os cristãos contra apóstatas da fé e falsos ensinadores que corrompiam os princípios de Cristo.

Que os ensinamentos aqui proferidos possam criar em nós um desejo ardente de continuar nos caminhos do evangelho de Cristo Jesus, além de permanecermos firmes e constantes, abundantes na obra do Senhor, evitando e combatendo falsos ensinamentos que desvirtuam as orientações da Bíblia Sagrada.

Exercícios

UNIDADE I

1. Entre os textos do Novo Testamento, a carta aos Hebreus em seu desenvolvimento dialético se mostra como um tratado todo particular. Sobre o grego na qual fora escrita marque a alternativa correta.

a. ( ) é rebuscado, aproximando-se do grego clássico
b, ( ) é rude, aproximando-se do grego koinê
c. ( ) é simples, aproximando-se da língua portuguesa
d. ( ) é cheio de erros, aproximando-se do latim.

2. Sobre a carta aos Hebreus, assinale a alternativa INCORRETA.

( ) não é difícil perceber o caráter exortativo do autor
( ) o autor orienta os leitores que sigam firmes e constantes na fé em Cristo,
( ) o autor conforta os leitores diante dos problemas que atravessavam e das dificuldades que iriam enfrentar,
( ) os leitores eram gregos não convertidos, mas que haviam ouvido falar sobre a lei mosaica.

3. Sobre os leitores da carta aos Hebreus, assinale a alternativa INCORRETA.

( ) A carta aos Hebreus foi escrita particularmente para Judeus cristãos.
( ) Judeus/leitores que estavam em perigo de afastamento da fé.
( ) Estavam voltando atrás, deixando a fé na suficiência da Graça de Deus em Cristo

d. ( ) Esse grupo gigantesco de cristãos eram considerados aliados pelos judaizantes, virando alvos de ódio.

4. Vem do grego que significa cana, junco. Do que estamos falando?
( ) Da palavra corrente
( ) Da palavra hebreus
( ) Da palavra cânon
( ) Da palavra conservação

5. Antes da seleção, os critérios básicos para a aceitação de um livro ou carta como inspirados por Deus eram vários. Dentre os descritos abaixo, qual não era um dos critérios?
( ) Aceitabilidade
( ) Confiabilidade
( ) Autoridade governamental
( ) Dinamismo

6. Apesar das dificuldades tanto no passado como em dias atuais quanto ao real autor da epístola aos Hebreus, precisamos estar cientes de algumas informações prévias quanto ao escritor. Sobre as afirmações quanto a autoria, assinale a alternativa correta.
( ) O autor é um filósofo judaizante e egípcio.
( ) O autor era totalmente familiarizado com a linguagem e ideias Fílonsóficas presentes no Judaísmo Alexandrino dos seus dias
( ) O autor assume que seus leitores não possuíam nenhuma familiaridade com a Filosofia e a teologia Alexandrina.
( ) O autor buscava contrastar sua visão pagã com a pregada pela comunidade persa dos seus leitores.

7. Sobre o contexto histórico da carta aos Hebreus, assinale a alternativa INCORRETA
( ) É inegável a forte influência do Antigo Testamento sobre o autor, principalmente o pentateuco.
( ) Com grande interesse em legitimar sua prédica, quanto ao que estaria por apresentar, o autor busca não somente o pentateuco, mas também outros trechos do AT como forma de mostrar, ou argumentar
( ) Em todos os momentos o autor busca descredenciar o Antigo Testamento, além de argumentar que o falso culto judaico ali apresentado, era sombra de uma realidade posterior e melhor
( ) Suas aplicações quanto aos ritos são com base no contexto

do que os judeus já conheciam, apesar de buscar contextualizar as aplicações para o que normalmente um cristão abalizado deveria fazer.

8. Seita judaica em Qumran na qual existe alguma justificativa para a opinião de que a literatura e as práticas rituais de Qumran tenham influenciado a carta aos Hebreus

( ) Essênios
( ) Fariseus
( ) Saduceus
( ) Herodianos

9. Ainda dentro do contexto histórico, também precisamos descobrir se o desenvolvimento da seita judaica em Qumran teve qualquer relevância para a produção da epístola aos Hebreus. Sobre isso, assinale a alternativa correta.

( ) É razoável pensar que o contexto não sugere nenhuma conexão entre o conteúdo da carta e o que acontecia na comunidade de Qumran
( ) Quando olhamos o texto de Hebreus percebemos temas como: sacerdotes e mestres, Melquisedeque, além da exegese equivocada dos leitores. Entre os de Qumran predominavam temas semelhantes
( ) Os essênios possuíam uma casta sacerdotal, tinham interesse por Melquisedeque e anjos, além de serem insistentes numa exegese que buscava aplicar o texto aos dias futuros, nunca em seus próprios dias
( ) Na comunidade de Qumran não existiam ritos de natureza purificadora.

10. Ganhou má fama por suas alegorias que buscavam como tentativa tornar o texto do AT relevante aos seus contemporâneos. De quem estamos falando?

( ) Clemente de Alexandria
( ) Pregador Apolo
( ) Apóstolo Paulo
( ) Exegeta Fílon de Alexandria

11. Sobre a teologia da carta aos Hebreus, assinale a alternativa INCORRETA

( ) Ao analisarmos a carta, teremos muita dificuldade em localizar os principais assuntos
( ) Olhando as abordagens dedicadas aos temas, poderemos

entender que a ideia chave do texto são: filho, o sumo-sacerdócio, o sistema sacrificial e a nova aliança

( ) O autor inicia a carta apresentando a qualidade efetiva do Evangelho

( ) O autor apresenta Jesus como Filho, a chave principal da carta. É através d'Ele que toda orientação do passado ganha sentido.

12. Dentre as diversas alusões feitas à vida humana do filho, Jesus, na carta aos Hebreus, aponte o item que não é uma referência da vida de Jesus na terra.

( ) Ministério de Jesus
( ) Homem de oração
( ) Demonstrava temor
( ) Pecabilidade de Jesus

Na carta aos Hebreus, o autor, com a intenção de aproximar o homem a Deus, deixa claro que apesar das humilhações que Cristo tenha sofrido, sua posição é elevada e sua glorificação é evidente. Sobre como Cristo é apresentado na carta, aponte a alternativa INCORRETA.

( ) superior aos anjos
( ) maior do que os grandes nomes do AT, Moisés e Josué
( ) inferior a Arão, pois pertencia a uma outra ordem
( ) inaugurador de um novo acordo.

UNIDADE II

1. A carta de Tiago é diferente dos demais escritos Neotestamentários devido a sua...

( ) teologia
( ) praticidade
( ) filosofia
( ) escatologia

2. Sobre ser o autor mais condizente com a epístola de Tiago. Esse não menciona sua vida pessoal, assim como não teve a preocupação de tecer comentários legitimadores sobre seu ministério. De quem estamos falando?

( ) Tiago, o filho de Zebedeu

( ) Tiago, filho de Alfeu
( ) Tiago, o pai de Judas Tadeu
( ) Tiago, o irmão de Jesus

3. A carta de Tiago segue na classificação como uma das cartas gerais ou universais, isso porque diferentemente____________________, não fora endereçada especificamente a uma igreja, mas para cristãos de maneira geral.
( ) das epístolas de João
( ) das cartas de Paulo
( ) dos livros do Antigo Testamento
( ) de todas as cartas do Novo Testamento

4. A carta de Tiago, somada à epístola aos Hebreus e Apocalipse, foram as
( ) derradeiras receberem o título de canônicas
( ) primeiras a receberem o título de canônicas
( ) derradeiras receberem o título de evangelho prático
( ) primeiras a receberem o título de fé e obras

5. Sobre a circulação da carta de Tiago nos primeiros séculos, a carta foi de certa maneira negligenciada. Dentre as razões, aponte a INCORRETA.
( ) Incerteza sobre a origem apostólica do livro
( ) Carta possui características tradicionais
( ) Contém pouco combustível para os ardentes debates teológicos na igreja primitiva.
( ) Carta com fortes orientações gregas

6. Na reforma protestante a carta de Tiago foi observada com dúvidas. Sobre esse tempo assinale a alternativa correta.
( )Erasmo, observando a qualidade da língua escrita na carta nunca questionou a opinião tradicional da autoria do irmão de Jesus.
( ) Martinho Lutero também fez suas observações. Sua análise ia além da autoridade apostólica. Via tensão entre Tiago e os principais livros do NT acerca da justificação pela fé.
( ) Lutero também fez várias citações de Gênesis. Sempre negou, contudo com clareza.
( ) Agostinho entendia que Tiago era moderado na proclamação da graça de Cristo, o que não era habitual a um apóstolo, mas que não

se pode exigir os mesmos argumentos de todos.

7. Sobre o contexto da carta de Tiago, aponte a alternativa INCORRETA

( ) É preciso considerar que na cidade da escrita existiam muitas disputas religiosas entre fariseus e saduceus, o que ocasionou uma perseguição religiosa contra os da fé cristã.

( ) A economia era instável, tinham poucos recursos, levando muitos cristãos a cogitarem concessões com a fé, na tentativa de escaparem das perseguições, melhorando suas vidas econômicas.

( ) Nesse tempo, os egípcios controlavam a Judéia. Um turbilhão político acontecia naquele ambiente e momento.

( ) Os cristãos eram reféns do domínio estrangeiro e ainda deveriam dar testemunho sem abrir a boca; era um ambiente perigoso.

8. Sobre os destinatários da carta de Tiago: Os cristãos que haviam recebido a Cristo____________________, voltaram para suas casas e lá iniciaram trabalhos efetivos da fé cristã.

( ) pelo pregador Apolo

( ) no dia de pentecostes

( ) pelas palavras de Tiago

( ) no templo em Jerusalém

9. Sobre a data da carta de Tiago, assinale a alternativa correta.

( ) Considerando o nascimento de Tiago, essa escrita poderia ter acontecido entre 70 e 120.

( ) Partindo do pressuposto que Pedro tenha pregado em Antioquia a partir do ano 45, concluímos que a epístola de Tiago precisava ser escrita desse tempo (45 d.C.)

( ) a escrita não poderia ser depois de 70, porque Tiago se encontra com Paulo para os devidos esclarecimentos em 65 ou 70 no concílio em Jerusalém

( ) se essa carta fosse escrita depois de 50, muito provavelmente teria em seu texto as resoluções do concílio, ou as controvérsias que aconteceram entre judeus e gentios; mais uma razão para a delimitação da data entre 45 e 49.

10. Acerca dos objetivos da carta de Tiago, assinale a alternativa INCORRETA

( ) Essa epístola evidencia uma necessidade prática de vida que vai circula somente nos ambientes institucionais religiosos

( )a proposta de Tiago vai além do ambiente físico de culto ou um horário demarcado

( ) Sua carta fala de uma necessidade piedosa que transcende aquela produzida em grupo; fala-nos de uma transformação pessoal e social

( ) O objetivo do autor é que seus leitores (antes, agora e no futuro) se transformem em praticantes da palavra

11. Dentre os aspectos da natureza da epístola de Tiago, assinale o que não é característico de Tiago.

( ) Forte tom de exortação pastoral
( ) Foco em estrutura textual
( ) Extenso uso de metáforas e ilustrações
( ) A utilização de outras fontes

12. Tema não trabalhado por Tiago, apesar de controvérsias.

( ) Pneumagiologia
( ) Ética Cristã
( ) A pobreza e a riqueza
( ) Fé e obras

13. Os problemas enfrentados naquela época, século I, fruto da indignação e exortação do autor, se fazem presentes em nossos dias. Dentre os temas atuais vistos no texto, aponto O INCORRETO.

( ) O difícil caminho da cruz
( ) Aos que querem ensinar
( ) A falta de amor
( ) Sacrifício de animais

UNIDADE III

1. Um dos doze apóstolos de Cristo, líder e pregador com características singulares. Sendo, quem sabe, o menos auspicioso dentre todos os demais discípulos, por conta de caráter impetuoso e impulsivo; contudo era intenso e sincero.

( ) Apóstolo João
( ) Apóstolo Pedro
( ) Apóstolo Tiago
( ) Apóstolo Judas

2. Sobre a conversar de Pedro, aponte a alternativa INCORRETA.

( ) Pedro e seu irmão André seguiam João Batista, que em determinada ocasião indicou aos irmãos que Jesus era o cordeiro de Deus

( ) Pedro passa a seguir o mestre, inclusive estando com Jesus nas bodas de Caná, ocasião do primeiro milagre de Cristo

( ) Após acompanhar Cristo em uma viagem para Roma (Jo 2.12; 4.4), voltou a sua antiga ocupação de pescador em Cafarnaum

( ) Jesus o chama, estando Pedro com seus amigos pescando no mar da Galiléia; eles deixaram suas redes para se tornarem "pescadores de homens"

3. O temperamento aguerrido de Pedro impulsionou-o a condição de

( ) liderança entre os apóstolos

( ) pescador eficaz

( ) pregador indouto

( ) menor entre todos

4. Pedro viveu seu ministério com o Messias de maneira intensa. Dentre os momentos vividos com o mesmo aponte a alternativa INCORRETA

( ) É ele quem confessa que Jesus era "o Cristo, o filho do Deus vivo", e foi abençoado por Ele

( ) foi aquele que censurou Cristo, sendo repreendido logo em seguida

( ) foi um dos discípulos que esteve com Cristo no monte da transfiguração

( ) achou a moeda para pagar tributo na boca de um camelo

5. Logo em seguida ao episódio da prisão de Jesus, Pedro passa a segui-lo de longe, adentrando posteriormente por intermédio de João no recinto do sumo sacerdote onde

( ) Pedro foi morto

( ) Jesus era interrogado

( ) Pilatos lavou suas mãos

( ) Judas se enforcou

6. Pedro como líder na igreja primitiva, esteve empenhado quando os discípulos receberam a responsabilidade da grande comissão. Além de ver a ascensão do Senhor presenciou muitos outros eventos. Assinale a alternativa correta.

( ) Confrontou a mentira de Janes e Jambres
( ) Com João foram a Atenas a fim de confirmar convertidos
( ) Simão Mago pede a Pedro que venda o poder do Espírito Santo
( ) Encontrou-se com Cerinto
( ) Curou Dorcas e Enéias em visita às igrejas de Alexandria.

7. Sobre o contexto histórico da primeira carta de Pedro, assinale a alternativa INCORRETA.

( ) O movimento cristão não era tão novo, já possuía cerca de trinta anos de trajetória e história.

( ) O que começou em Antioquia, ganhou forma e corpo e se espalhou para diversas províncias e regiões.

( ) Na Ásia menor havia diversos Judeus que antes estiveram em Jerusalém e presenciaram o belíssimo e inflamado discurso do apóstolo Pedro

( ) estamos falando de um movimento cristão que ainda não era estruturado no quesito institucional.

8. Sobre os destinatários de I Pedro, assinale a alternativa correta

( ) Estamos falando de pagãos que estavam espalhados por toda a Ásia menor, forasteiros da dispersão, no Ponto, Galácia, Capadócia, Ásia e Bitínia

( ) Judeus ou não, eram comunidades cristãs, pessoas que ainda não haviam passado pela experiência de um novo nascimento

( ) A população desses ambientes era diversificada, uma miscigenação de raças e culturas, incluindo nativos, gregos instruídos, orientais, judeus e americanos

( ) Alguns teriam se convertido no célebre acontecimento do dia de pentecoste, movidos pela ministração de Pedro, ou quem sabe pelo próprio Paulo, ou por algum discípulo próximo a ele.

9. Sobre a canonização da epístola, assinale a alternativa INCORRETA

( ) a carta de I Pedro teve uma rápida aceitação dentro da comunidade cristã.

( ) A própria carta e a história nos fornecem recursos e ferramentas de análise para uma interpretação do que o autor queria com seus leitores

( ) Cópias foram feitas, sendo enviadas para além do ambiente na qual a carta original havia sido escrita

( ) Ainda no terceiro século a carta não possuía um caráter

canônico.

10. Dentre os fatores para a delimitação da data mais provável levaremos em consideração, assinale a alternativa correta

( ) A maioria das perseguições eram governamentais e a nível continental.

( ) No tempo das perseguições locais Pedro já estava morto e provavelmente enterrado em Roma.

( ) No início a fé cristã era aceita como uma seita do judaísmo, mas nos últimos anos o governo de Pilatos autorizou uma intensa perseguição aos cristãos.

( ) Pedro viu a perseguição que crescia, daí a razão de escrever para encorajar os cristãos distantes.

11. Sobre a autoria e canonicidade da segunda carta de Pedro, assinale a alternativa INCORRETA.

( ) A linguagem da epístola, especialmente no primeiro capítulo, comparando-a com os discursos de Pedro em Atos, nos revela ser impossível ser o mesmo apóstolo que escrevera a primeira carta.

( ) Clemente de Alexandria tinha essa carta em sua Bíblia e escreveu um comentário sobre.

( ) Voltando aos séculos II e III, percebe-se que a carta não era conhecida além do Egito, por isso sua canonicidade foi colocada em dúvida e até mesmo negada.

( ) foi no século IV que a carta começou a ficar conhecida e aceita no ocidente, retirando as dúvidas sobre seu valor e autoria.

12. Pedro, em sua segunda carta, além da cristologia e da ortodoxia, faz questão de advertir aqueles que já não acreditavam

( ) nas pregações do apóstolo Paulo, principalmente em Corinto

( ) na segunda vinda de Cristo, trabalhando também a escatologia.

( ) nos sacrifícios realizados no templo, afirmando ser importante a observação da lei

( ) na leitura da torah, sendo essa a grande expressão da fé cristã.

UNIDADE IV

1. Em se tratando de epístolas universais, as cartas de João têm a responsabilidade de afastar a escuridão do erro e das dúvidas que pairavam entre os cristãos daquela época. João usa meios rígidos de testes a fim de provar a verdadeira _________________ dos que diziam viver em amor e dos que de fato viviam.

( ) espiritualidade
( ) obra
( ) atuação
( ) oração

2. Sobre a primeira carta do apóstolo João, assinale a alternativa correta.

( ) A carta do apóstolo João tem a aparência de um discurso solene curto, proferido a um amplo círculo de leitores, sem o viés da proximidade ou amizade.

( ) Muito parecido com o livro de Habacuque, essa carta é profundamente teológica e espiritual.

( ) Trata-se de um texto com pouquíssimas expressões dos atributos de Deus e dos deveres morais dos leitores, contudo rico em outros detalhes.

( ) A carta busca levar os leitores a fugirem dos erros acerca da pessoa de Cristo, exaltando o mestre com profundo e profícuo testemunho em cunho teológico, moral e cristológico.

3. Sobre a segunda carta de João, assinale a alternativa INCORRETA.

( ) A carta exorta os leitores a viverem em amor

( ) Busca avisar aos leitores sobre os perigos que corriam aqueles que estavam espalhando erros acerca da pessoa de Cristo, mantendo assim um certo padrão já proferido na primeira epístola.

( ) A carta deixa em evidência o coração do discípulo amado Judas

( ) Na carta é difícil delimitar o local de escrita, bem como se a mesma foi escrita a uma pessoa em particular ou a uma comunidade cristã.

4. Sobre a terceira carta de João, assinale a alternativa INCORRETA.

( ) Em caráter ainda mais pessoal, a terceira carta é dirigida a um certo Gaio,

( ) Em tom familiar percebe-se a ligação dessa carta com a segunda,

( ) A carta compartilha a tradição e a crítica, favorecendo missionários que iam de igreja em igreja levando esperança e conforto da palavra

( ) A carta é dirigida ao casal de missionários Priscila e Aquila.

5. **João e Tiago, filhos de Zebedeu, trabalhavam como**

( ) Pescadores

( ) Cobradores de impostos

( ) Curtidores

( ) Pastores de ovelhas

6. Sobre as evidências externas quanto as cartas de João, assinale a alternativa correta.

( ) Todas as cartas de João estão inseridas nos manuscritos latinos mais antigos

( ) A referência mais antiga das cartas de João entre os pais da igreja vem de Flávio Josefo

( ) Papias de Hierápolis fez referência à primeira carta de João por volta do século II.

( ) No cânon de Muratori não foi encontrado nenhuma passagem relacionada as obras do discípulo amado.

7. **Acerca das evidências internas, assinale a alternativa INCORRETA**

( ) Basta uma leitura superficial no evangelho e nas cartas de João para percebermos uma grande semelhança, seja por meio dos conteúdos, que se conectam, ou por meio do quanto os elementos das frases possuem relação de concordância e subordinação.

( ) Nota-se uma relação formal que interliga as sentenças, montando uma estrutura literária comum entre o evangelho e as cartas.

( ) Já na segunda e terceira carta o autor se identifica como "amado" ou "mestre".

( ) O autor das cartas foi o apóstolo João. Um dos primeiros discípulos de Jesus, pertencendo ao colégio apostólico

8. Em todas as epístolas do apóstolo João não se pode negar que estamos falando de uma comunidade especial de cristãos, daí entendermos que se tratava de fiéis da própria igreja de

( ) Éfeso e de igrejas próximas

( ) Corinto e toda Grécia

( ) Mileto e parte da ilha de Creta

( ) Jerusalém e aos cristãos de Antioquia

9. **A terceira carta de João tem como destino um cristão chamado Gaio. Esse foi elogiado pelo apóstolo por ter uma postura de amor e cristã, hospedando missionários que haviam sido enviados e que anteriormente foram rejeitados pelo**

( ) conhecido Alexandre, o latoeiro

( ) líder da igreja Diótrefes

( ) perverso Herodes

( ) pastor da igreja de Jerusalém

10. Sobre o contexto e a razão da escrita das epístolas joaninas, assinale a alternativa INCORRETA.

( ) um grupo dissidente espalhava ideias gnósticas entre as igrejas da Ásia.

( ) Um conhecido gnóstico de Éfeso era um certo Cerinto, contemporâneo e rival de João.

( ) Cerinto dizia que Jesus havia nascido de uma virgem, como um filho concebido pela atuação do Espírito Santo.

( ) Os discursos heréticos trouxeram preocupação entre os pais da igreja, fazendo com que João se apressasse em escrever contra tais ensinos.

11. Sobre a autoria da carta de Judas em suas provas externas, assinale a alternativa correta.

( ) O Judas autor não poderia ser o apóstolo Judas, também conhecido como Tadeu

( ) Se o escritor de Judas fosse um apóstolo, não teria a necessidade de se apresentar como “irmão de Tiago”.

( ) Havia diversas pessoas com o nome Tiago em sua proeminência e conhecimento popular: o irmão de Jesus

( ) Judas e Tiago estiveram com os apóstolos depois de sua ascensão

12. Assinale a alternativa INCORRETA, sobre o objetivo da carta de Judas.

( ) Declarações tiradas do contexto eram as intenções dos falsos professores, alvo das críticas de Judas.

( ) não eram poucos os mentirosos que buscavam distorcer a palavra do evangelho.

( ) Os falsos ensinadores tinham como motivação a sã doutrina e a verdade.

( ) Era importante que Judas, o autor, viesse a advertir os cristãos contra os falsos doutores que minimizavam a fé numa crença especulativa e profissão exterior.

Referências

ADRIANO FILHO, José. **A INTERPRETAÇÃO ALEGÓRICA DO ANTIGO TESTAMENTO DE FÍLON ALEXANDRIA.** 2009. Disponível em: http://www.dhi.uem.br/gtreligiao/st5.html. Acesso em: 14 mar. 2021.

Bíblia Sagrada: edições paulinas. 10. ed. São Paulo: Paulinas, 1982. 1414 p. Tradução da Vulgata pelo Pe. Matos Soares.

CESARÉIA, Eusébio de. **História Eclesiástica**. São Paulo: Novo Século, 2002. 223 p.

COMFORT, Philip. **Comentário do novo testamento**: aplicação pessoal. Rio de Janeiro: Cpad, 2009. 944 p. Traduzido por Degmar Ribas.

GREEN, Michael. **II Pedro e Judas**: introdução e comentário. São Paulo: Vida Nova, 2006. 184 p. (Cultura Bíblica).

GUTHRIE, Donald. **Hebreus**: introdução e comentário. São Paulo: Vida Nova, 1984. 263 p. (Cultura Bíblica).

LUND, E.; NELSON, Peter. **Hermenêutica**: regras de interpretação das sagradas escrituras. São Paulo: Vida, 1968. 126 p. Traduzido por Etuvino Adiers.

MOO, Douglas J. **Tiago**: introdução e comentário. São Paulo: Vida Nova, 1990. 189 p. (Série Cultura Bíblica).

MORAES, Dax. TRADIÇÃO E TRANSFORMAÇÃO: a torah como

fundamento do mundo em fílon de alexandria. **Μετανόια**, São João Del-Rei, v. [], n. 6, p. 7-24, 11 jul. 2003

MUELLER, Ênio R.. **I Pedro**: introdução e comentário. São Paulo: Vida Nova, 2006. 268 p. (Cultura Bíblica).

NASH, Ronald H.. **The meaning of history**. [S. L.]: Broadman & Holman, 1998. 181 p.

PEARLMAN, Myer. **Através da Bíblia**: livro por livro. São Paulo: Vida, 2006. 439 p. Tradução N. Lawrence Olson.

REIS, Roberto dos. **Introdução Bíblica**: a vontade de deus através de sua palavra escrita. Pindamonhangaba: Ibad, 2006. 234 p.

RIOS, Cesar Motta. **O próprio e o comum**: rastros da interculturalidade na escrita de fílon de alexandria. 2013. 403 f. Tese (Doutorado) - Curso de Letras, Universidade Federal de Minas Gerais, Belo Horizonte, 2013.

VIANA, Moacir da Cunha. **Dicionário Bíblico**. São Paulo: Didática Paulista, [s.d.]. 508 p.

ZUCK, Roy B.. **Teologia do Novo Testamento**. Rio de Janeiro: Cpad, 1994. 522 p.

Indicação de leitura

ARENS, Eduardo. **Ásia Menor nos tempos de Paulo, Lucas e João**. Aspectos sociais e econômicos para a compreensão do Novo Testamento: Paulus

BAILEY, Kenneth E. ***A poesia e o camponês***: Vida Nova.

BRUCE, F. F. ***Merece Confiança o Novo Testamento***. Vida Nova

BULL, Klaus-Michael. **Panorama do Novo Testamento**. História, contexto, teologia: Sinodal

CARREZ, M (et al.). **As Cartas de Paulo, Tiago, Pedro e Judas**. Edições Paulinas

________, Maurice, DORNIER, Pierre, DUMAIS, Marcel e TRIMAILLE, Michel. As cartas de Paulo, Tiago, Pedro e Judas: Paulus.

CARSON, D. A. **Introdução ao Novo Testamento.** Vida Nova

GREEN, Michael. **Evangelização na Igreja Primitiva.** Vida Nova

KÜMMEL, Werner Georg. **Introdução ao Novo Testamento.** Paulinas

LADD, George Eldon. **Teologia do Novo Testamento.** Exodos

_____, George. ***Apocalipse***: Vida Nova. 1980

LOHSE, Eduard, **Introdução ao Novo Testamento.** Sinodal

MOULE, C. F. D. **As origens do Novo Testamento**: Paulinas

PAROSCHI, Wilson. **Crítica Textual do Novo Testamento.** Vida Nova

ROPS, Henri Daniel. ***A vida diária nos tempos de Jesus***: Vida Nova

SILVA, Valmor da. **Paulo**, apóstolo de Jesus Cristo pela vontade de Deus: Paulus

SMITH, William S. **Introdução ao Novo Testamento.** V.Ie- Ceibel

STOTT, John R. W. I, II e II João: Introdução e Comentário: Vida Nova. 2006.

TENNEY, Merrill C. **O Novo Testamento**: sua origem e análise. Vida Nova

VANHOYE, Albert. **A mensagem da Epístola aos Hebreus.** Série Cadernos Bíblicos. Paulinas

WILLIAMS, Terri. **Cronologia da História Eclesiástica.** Vida Nova

www.ingramcontent.com/pod-product-compliance
Lightning Source LLC
LaVergne TN
LVHW010059170826
845678LV00012B/2180

* 9 7 8 6 5 8 9 8 5 9 0 1 7 *